Les légumes

de Monica Luciani

LA TABLE RONDE

Les légumes
de Monica Luciani

Illustrés par
Carolyn Jenkins

Introduction

Je suis une simple cuisinière depuis... disons... longtemps, et j'adore les légumes. J'aime les travailler, les cuisiner et même les regarder sur les étals du marché. Les cultiver ? Ça reste un rêve pour le moment.

Ce livre est pour tous ceux qui aiment le monde végétal si riche en nuances et en couleurs, en formes et en textures, si versatile et si varié qu'on ne s'ennuie jamais.

Un monde à respecter, en tous les cas, alors tâchez de choisir des produits de saison : les légumes ont davantage de goût quand ils arrivent à maturité naturellement, sans compter que vous vous en porterez mieux et la planète aussi. C'est le premier conseil que j'ai à vous donner...

Au fil des saisons, je vous ai concocté des recettes simples et savoureuses, certaines qui sont des classiques du patrimoine gastronomique italien, d'autres que j'ai préparées à l'Œnosteria selon l'inspiration du moment et d'autres encore que j'ai empruntées à des personnes chères à mon cœur, puisque la cuisine est transmission et amour !

Mais, pour commencer, quelques principes et conseils...

L'huile d'olive
Je ne le précise pas à chaque fois, mais elle sera extra vierge ! Et pour conserver ses qualitées, ne la chauffez jamais jusqu'à son point de fumée.

L'ail
N'oubliez pas de le dégermer pour qu'il soit plus facile à digérer. Si vous n'en raffolez pas, rien ne vous empêche de le retirer en fin de cuisson.

La passata
Si vous achetez du coulis de tomate, choisissez-le nature.

Les aubergines
Je recommande vraiment de les faire dégorger avant de les frire, d'une part pour en atténuer l'amertume et d'autre part pour éviter qu'elles n'absorbent trop d'huile.
Coupez-les en cubes de 2 cm de côté. Salez, mélangez bien et transférez dans une passoire posée sur un récipient. Laissez-les dégorger 1 heure ou 2 en les retournant régulièrement. Vous pouvez aussi accélérer un peu le processus en posant à même les aubergines un plat vide lesté d'un poids d'environ 2 kg.
Et surtout épongez-les avec du papier absorbant avant de les faire frire.

Huile de friture (tournesol ou arachide)
Je n'ai pas précisé de quantité, puisque cela dépend de la taille de votre sauteuse.
Ce qui est important, c'est de procéder par petites quantités afin que votre bain de friture reste à une température constante.
Ce qui est tout aussi important, c'est de ne pas jeter l'huile usagée dans l'évier. Elle se fige au contact de l'eau, ce qui peut sérieusement boucher les canalisations, sans compter qu'elle entrave la capacité de traitement des stations d'épuration. L'idéal est de l'apporter dans une déchetterie ou de demander à un restaurateur s'il accepte de la récupérer pour la recycler avec les siennes. Si vous n'avez pas d'autre solution, jetez-la avec les ordures ménagères, dans un récipient bien fermé. Cela évitera au moins la contamination de l'eau.
Surtout sachez qu'une huile dans laquelle vous avez fait frire des légumes peut être réutilisée 2 fois au moins, en la filtrant au besoin.

Les artichauts poivrade
Les premières feuilles des artichauts sont trop dures pour être consommées d'où la nécessité de les « tourner » : enlevez les feuilles de la base, sur deux ou trois rangs, jusqu'à ce qu'elles deviennent tendres. Coupez la pointe qui pique et épluchez la tige. Frottez les artichauts avec un citron coupé en deux et plongez-les au fur et à mesure dans de l'eau citronnée pour éviter qu'ils noircissent. Rincez-les avant de les cuisiner.

Les câpres au sel
Il faut à tout prix les faire dessaler avant de les utiliser. Rincez-les au moins deux fois pour en ôter le sel, puis faites-les tremper dans de l'eau fraîche que vous renouvellerez régulièrement.

Cuisson des légumes verts
Elle se fait toujours dans de l'eau bouillante salée à feu vif, mais surveillez de près la cuisson qui doit être « al dente ». À plus forte raison pour les brocolis, courgettes et asperges. Et si vous voulez qu'ils gardent leur belle couleur verte, il est indispensable de les refroidir en les plongeant dans une eau additionnée de glaçons dès que vous les retirez du feu.

On ne gâche rien !
Lavez bien vos légumes et récupérez les épluchures qui peuvent devenir des bouillons, des soupes multi-légumes, des chips...

Épluchures de pommes de terre, de carottes, de betteraves, d'oignons

Préchauffez le four à 200 °C.

Assaisonnez vos épluchures avec un filet d'huile d'olive. Étalez-les sur une plaque de cuisson recouverte de papier sulfurisé et enfournez pendant 20 minutes. Ces chips doivent être croustillantes, si ce n'est pas encore le cas, renfournez 5 minutes de plus. Quand elles sont prêtes, saupoudrez-les d'épices de votre choix et de sel.

Feuilles d'artichauts

Je les utilise pour faire un bouillon détox, excellent pour le foie. L'autre option est de réserver les feuilles les plus tendres que vous ajouterez à un « pinzimonio » : tomates cerises, bâtonnets de carotte, de céleri (le cœur), de courgette, de concombre, ou sommités de chou-fleur, pointes d'asperges – qu'on trempe dans une émulsion de sel, d'huile d'olive et de poivre. Un apéritif très healthy !

Graines des cucurbitacées

Lavez-les, disposez-les sur une plaque de cuisson tapissée de papier sulfurisé, salez et faites cuire à 175 °C, four ventilé, pendant 25 minutes. Une fois refroidies, on les casse avec les dents et on mange l'intérieur.

Herbes aromatiques

Sauge, romarin, persil, basilic, thym, menthe... S'il vous reste des herbes dans votre frigo, faites-les sécher à l'air quelques jours ou au four à 40 °C pendant 1 h 30 sur une plaque chemisée de papier sulfurisé en laissant la porte du four entrouverte pendant la cuisson. Hachez-les au couteau et conservez-les dans un bocal pour parfumer vos viandes et pommes de terre.

Préparations de base
Elles sont signalées par une étoile* lorsqu'elles apparaissent dans les recettes :

Bouillon de légumes | *Brodo vegetale*

- **2 oignons rouges**
- **2 carottes**
- **1 grosse pomme de terre ou 2 petites**
- **2 branches de céleri avec leurs feuilles**
- **1 poireau**
- **1 courgette**
- **1 tomate**
- **2,5 à 3 l d'eau froide**
- **1 bouquet garni : 2 feuilles de laurier, ½ bouquet de persil, 1 branche de thym, 1 brin de basilic**
- **2 c. à s. d'huile d'olive**
- **Sel**

▸ *Une autre option est de remplacer tout ou partie des légumes par les épluchures que vous aurez mises de côté.*

Lavez tous les légumes.
Détaillez en morceaux les oignons, les carottes, la pomme de terre, le céleri, le poireau, la courgette et faites-les « toaster » avec l'huile d'olive dans une casserole à feu vif. Quand ils commencent à se colorer, recouvrez-les d'eau, ajoutez le bouquet garni et la tomate coupée en quatre.
Portez à ébullition, écumez si besoin et laissez cuire à petits bouillons au moins 2 heures.
Filtrez. Mais ne jetez pas les légumes que vous utiliserez pour faire un velouté à servir avec des croûtons à l'ail, de l'huile, de l'origan et si vous le souhaitez du fromage râpé. Il suffira de les mixer, en prélevant ce qu'il faut de bouillon pour donner la juste consistance à votre soupe que je vous conseille de passer au chinois pour en éliminer les fibres.
Une fois refroidi, le bouillon se conserve 3 jours au frigo ou congelé en cubes à sortir quand on en a besoin.

Chapelure aromatisée aux herbes | *Pangrattato profumato*

- **500 g de chapelure de pain (que vous pouvez faire vous-même en mixant ou en râpant du pain sec)**
- **1 gousse d'ail**
- **2 branches de romarin**
- **½ bouquet de persil**
- **1 c. à s. d'huile d'olive**

Passez le tout au mixeur jusqu'à ce que les herbes et l'ail soient finement hachés et que la chapelure ait pris une petite couleur verte.
En y ajoutant les zestes de 2 citrons, vous pourrez vous en servir pour gratiner des gambas, des noix de Saint-Jacques ou un filet de bar.

Sauce tomate | *Sugo al pomodoro*

- **100 g de passata nature**
- **450 g de tomates pelées, entières ou en morceaux**
- **2 ou 3 brins de basilic**
- **5 petites gousses d'ail ou 3 grosses**
- **8 c.à s. d'huile d'olive**
- **Sel**

Dans une poêle de 28 cm de diamètre avec un bord d'au moins 5 cm, faites frire l'ail dans l'huile d'olive jusqu'à ce qu'il soit doré. Ajoutez-y la passata, les tomates (si elles sont entières, écrasez-les avec les mains) et les queues de basilic, salez et couvrez. Laissez cuire quelques minutes à feu vif, puis baissez le feu, mélangez et couvrez à moitié, pour ne pas éclabousser toute la cuisine !

Laissez cuire encore 10 à 15 minutes et rectifiez le sel. Votre sauce est prête quand vous voyez l'huile remonter à la surface.

Ajoutez les feuilles de basilic à la toute fin.

À utiliser aussi bien pour la parmigiana que pour des gnocchis de pommes de terre ou des spaghettis. Un peu de parmesan, d'herbes fraîches ou séchées, et le tour est joué !

Pesto de basilic | *Pesto di basilico*

- **100 g de basilic**
- **80 g d'huile d'olive**
- **30 g de pignons**
- **50 g de parmesan râpé**
- **1 gousse d'ail**
- **1 pincée de sel**

Mettez l'huile au frigo quelques heures en même temps que le basilic pour éviter que ses feuilles noircissent. Puis pilez le tout au mortier si vous en avez un, ou mixez (dans ce cas ajoutez un glaçon).

Pesto de roquette | *Pesto di rucola*

- **150 g de roquette**
- **1 bouquet de basilic**
- **30 g de pignons de pin**
- **30 g d'amandes ou de pistaches**
- **100 g de pecorino au poivre (ou pas) en petits morceaux**
- **50 g de parmesan râpé**
- **2 gousses d'ail**
- **60 à 80 g d'huile d'olive**
- **2 glaçons**

Dans le bol d'un mixeur, mettez les glaçons (pour éviter que le pesto noircisse), la roquette lavée et séchée, les fromages, les pignons et amandes et commencez à mixer. Ajoutez l'huile progressivement : attention, le pesto ne doit pas être trop fin, ne le mixez pas trop longtemps !

Ces proportions sont pour 6 à 8 portions de pâtes ou autres recettes.

Petit conseil : la roquette perdra de son amertume si vous la blanchissez dans de l'eau bouillante avant de la rafraîchir dans de l'eau glacée et de bien l'égoutter.

Sauf indication contraire, toutes les recettes de ce livre sont pour 4 personnes. Elles peuvent composer un repas complètement végétarien, ou s'accompagner d'un fromage comme d'une viande. Elles sont rapides et simples : on peut se faire plaisir même quand on a une petite cuisine et qu'on manque de temps, faites-moi confiance !

Il ne me reste plus qu'à vous souhaiter un *Buon appetito* !

Monica Luciani

Recettes

Minestrone à la toscane
Minestrone toscano

- **1 bel oignon rouge**
- **2 carottes**
- **2 branches de céleri**
- **½ brocoli**
- **1 petite courgette**
- **Quelques feuilles de chou noir ou vert**
- **1 pomme de terre moyenne à chair ferme**
- **400 g de haricots blancs cuits, avec leur eau de cuisson**
- **1,5 l de bouillon de légumes***
- **Huile d'olive**
- **Sel, poivre**

Pour les haricots mixés :

- **1 gousse d'ail**
- **1 branche de romarin**
- **1 louche de passata**

▸ *La pomme de terre peut être remplacée par des haricots verts.*

▸ *Le minestrone se conserve au réfrigérateur deux jours maximum, mais il se congèle aussi très bien.*

Détaillez les légumes en petits morceaux sans les mélanger.

Couvrez le fond d'une grande casserole d'huile d'olive, faites-y revenir les oignons coupés, puis ajoutez les carottes et le céleri.

Au bout de quelques minutes, ajoutez la pomme de terre et le chou, et laissez cuire encore 3 ou 4 minutes.

Versez ½ litre environ de bouillon de légumes (ou d'eau), portez à ébullition et laissez mijoter 15 minutes.

Ajoutez la courgette, le brocoli et la moitié des haricots blancs avec leur jus de cuisson, couvrez de bouillon toute la préparation et poursuivez la cuisson 30 minutes.

Pendant ce temps, faites chauffer un fond d'huile d'olive dans une casserole avec l'ail et le romarin et ajoutez l'autre moitié des haricots blancs. À coloration, mouillez avec la passata. Ôtez le romarin, salez légèrement, faites cuire 3 à 4 minutes à feu doux puis mixez.
La préparation est prête à être incorporée au minestrone.

Laissez mijoter le tout encore 30 minutes et rectifiez l'assaisonnement.

Servez avec du pain grillé, du poivre et un filet d'huile d'olive.

Velouté de pommes de terre, cèpes frais et croûtons en persillade
Vellutata di patate, porcini freschi e crostini di pane all'aglio e prezzemolo

- **600 g de pommes de terre à chair fondante**
- **350 g de cèpes frais (300 g pour la soupe + 50 g taillés en petits dés pour la décoration)**
- **30 g de cèpes séchés (à faire tremper dans 150 g d'eau chaude pour les réhydrater)**
- **1 oignon**
- **1 gousse d'ail**
- **1 branche de thym**
- **2 feuilles de laurier**
- **Huile d'olive**
- **Sel, poivre**
- **2 tranches de pain de campagne**

Pour le pesto de persil :

- **30 g de persil plat lavé et essoré**
- **3 c. à s. de parmesan râpé**
- **1 gousse d'ail**
- **Huile d'olive**
- **1 pincée de sel**

Lavez les pommes de terre. Brossez soigneusement les cèpes frais pour en éliminer toutes les impuretés et ôtez la base des pieds. Coupez-les en morceaux.

Faites tremper quelques minutes les cèpes séchés dans de l'eau chaude, sortez-les avec une écumoire et pressez-les en récupérant l'eau. Filtrez-la et jetez le sable.

Faites revenir les pommes de terre dans une casserole avec de l'huile d'olive, l'oignon émincé et l'ail haché. Ajoutez le thym et le laurier, mélangez et laissez mijoter quelques minutes.

Quand les pommes de terre sont dorées et presque cuites, ajoutez les cèpes frais et mélangez.

Laissez mijoter à nouveau quelques minutes, ajoutez les cèpes séchés réhydratés ainsi que leur eau filtrée, complétez avec de l'eau chaude (ou du bouillon) pour couvrir les légumes. Salez et laissez cuire 15 minutes.

Pendant ce temps, préparez votre pesto en mixant finement tous les ingrédients et en ajustant la quantité d'huile pour obtenir une texture fluide. Découpez le pain en morceaux, trempez-les dans le pesto, puis déposez-les sur une plaque de cuisson recouverte de papier sulfurisé. Enfournez alors à 170 °C pendant 5 à 6 minutes (ils doivent être croustillants).

Retirez les herbes de la soupe, mixez et répartissez dans des bols que vous décorerez avec les croûtons persillés, les dés de cèpes crus et un tour de moulin à poivre.

Carpaccio de cèpes et copeaux de parmesan
Carpaccio di porcini e parmigiano

- **4 beaux cèpes frais et bien fermes (surtout pas « habités » !)**
- **Le jus de ½ citron (je n'aime pas cacher le goût des cèpes avec le citron)**
- **120 à 160 g de parmesan**
- **8 c. à s. d'huile d'olive**
- **Sel, poivre**

▸ *On peut faire la même recette avec des amanites des Césars* (ovuli *en italien). C'est délicieux !*

Brossez et nettoyez bien les cèpes (pour ma part, je les passe délicatement sous un filet d'eau afin d'enlever le maximum de terre et autres impuretés). Ôtez la base des pieds (2 cm environ).

Séparez les chapeaux des pieds, mais gardez les pieds !

Préparez un citronette avec le jus de citron, le sel, le poivre et l'huile.

Coupez les chapeaux en fines lamelles et disposez-lez sur une assiette plate (une par convive), joliment, puis arrosez avec la citronette et terminez avec des copeaux de parmesan.

Servez aussitôt.

Avec les pieds que vous aurez gardés, vous pourrez bien sûr préparer un velouté (voir le velouté de pommes de terre ▸ *p. 18*), mais je vous conseille de les faire simplement griller, puis de les assaisonner avec de l'ail, du persil, un peu de romarin – le tout haché –, du sel et du poivre. Là encore, vous allez vous régaler !

Cèpes en papillotes
Porcini al forno

- **4 beaux cèpes ou 8 à 12 s'ils sont petits**
- **2 gousses d'ail**
- **4 branches de persil**
- **½ verre de vin blanc**
- **8 c. à s. d'huile d'olive**
- **Sel**

Nettoyez les cèpes, brossez-les bien, ôtez la base terreuse et coupez les pieds à ras des chapeaux. (Mais gardez les pieds – vous trouverez quelques conseils d'utilisation en page précédente.)

Préparez 4 grands carrés de papier sulfurisé, placez au centre de chaque carré un chapeau de cèpe tête en bas. Incisez la partie centrale, ajoutez une tranche d'ail, du persil, arrosez d'huile d'olive et d'un peu de vin blanc, salez, puis parsemez d'un hachis de persil et d'ail avant de fermer la papillote avec de la ficelle de cuisine.

Préchauffez le four à 200 °C puis enfournez les papillotes et laissez cuire 20 à 25 minutes.

Sortez les papillotes du four, ouvrez-les et servez simplement avec du pain de campagne ou… avec un filet de bœuf grillé !

Poêlée de girolles à l'italienne
Finferli saltati

- **1,5 kg de girolles**
- **1 oignon de Tropea ou 2 échalotes longues**
- **4 petites gousses d'ail**
- **½ bouquet de persil**
- **1 petite branche de romarin**
- **30 g de beurre**
- **Huile d'olive**
- **Sel, poivre**

▸ *Vous pouvez bien sûr déguster ces girolles avec une viande, mais pour moi, il n'y a pas de meilleur accompagnement qu'un œuf mollet ou au plat !*

▸ *Shitakés, pleurotes, cèpes, champignons de Paris, chanterelles... se cuisinent de la même façon. Vous pourrez aussi les mélanger, et dans ce cas, prenez 200 g de chaque, nettoyez-les séparément et coupez-les grossièrement. Cuisinez-les un par un et réunissez-les seulement une fois cuits.*

Nettoyez bien les girolles (en les rinçant une par une sous un filet d'eau) et essuyez-les délicatement avec un torchon. Coupez soigneusement les plus grosses en 2 ou 3.

Dans une sauteuse, faites fondre le beurre dans de l'huile d'olive pour y faire suer l'oignon ciselé. Ajoutez les girolles.

Faites cuire à feu doux et à couvert une quinzaine de minutes. Videz la première eau de végétation rejetée par les girolles, salez et continuez la cuisson à feu moyen et à découvert jusqu'à complète évaporation de l'eau.

Quand l'huile commence à ressortir, ajoutez l'ail, le romarin et le persil hachés et mélangez. Augmentez le feu pour saisir les girolles avec les herbes et l'ail.

Salez, poivrez et servez chaud.

Crème de pois chiches au curry et à la truffe
Passatina di ceci, curry e tartufo nero

- **800 g de pois chiches cuits**
- **1 c. à c. de curry en poudre**
- **1 pincée de curcuma**
- **½ c. à c. de crème de truffe noire**
- **40 g de truffe noire brossée et nettoyée**
- **4 c. à s. d'huile d'olive**
- **16 tranchettes de pain grillé**
- **Sel**

▸ *Vous trouverez de la crème de truffe en épicerie fine. À choisir, prenez celle avec le pourcentage le plus élevé de truffe.*

▸ *Si en nettoyant votre truffe, il vous reste des épluchures de peau, hachez-les finement et préparez un beurre de truffe.*

Égouttez les pois chiches en gardant un demi-verre du liquide.

Mettez l'ensemble dans le bol du mixeur avec l'huile, les épices, la crème de truffe et du sel. Mixez jusqu'à obtenir une crème onctueuse et épaisse, en ajoutant au besoin une ou deux cuillerées d'eau. Goûtez et salez à nouveau si nécessaire.

Si vous servez cette crème en entrée, répartissez-en 3 belles cuillères dans chaque assiette, de préférence creuse, en formant une petite colline (ou un volcan !). Avec un zesteur Microplane, râpez la truffe de façon à ce qu'elle retombe sur les versants de votre « colline de pois chiches » et disposez les tranchettes de pain grillé en rayons de soleil tout autour.

Cette crème est aussi un apéritif idéal pour 6 à 8 personnes. Tartinez-en alors les tranches de pain grillé et râpez la truffe dessus.

Légumes d'hiver rôtis au four
Verdure d'inverno al forno

- **¼ de chou-fleur**
- **½ brocoli**
- **2 pommes de terre**
- **2 carottes moyennes ou 8 mini-carottes**
- **2 oignons rouges**
- **1 blanc de poireau**
- **½ céleri-rave**
- **½ butternut ou potiron**
- **Quelques champignons de Paris**
- **10 branches de thym**
- **4 branches de romarin**
- **2 gousses d'ail**
- **100 g de graines de courge**
- **Huile d'olive**
- **Sel, poivre**

Lavez bien les légumes, en particulier le poireau. Épluchez les oignons et le céleri, coupez le pied des champignons. Coupez tous les légumes en gros cubes (3 cm de côté environ), sans les mélanger.

Faites blanchir le brocoli et le chou-fleur quelques minutes dans de l'eau bouillante salée, égouttez-les puis plongez-les dans de l'eau glacée pour les refroidir. Réservez.

Dans un grand saladier, mélangez les pommes de terre, les oignons, l'ail légèrement écrasé, le poireau, le céleri-rave, la butternut, les champignons et les carottes puis assaisonnez-les avec les herbes émiettées, de l'huile d'olive, du sel, du poivre. Mélangez bien le tout.

Préchauffez le four à 190 °C.

Disposez les légumes sur une grande plaque de cuisson chemisée de papier sulfurisé, en une seule épaisseur. Ajoutez un filet d'huile d'olive et enfournez à mi-hauteur pendant 15 à 20 minutes.

Sortez les légumes du four pour les retourner et ajoutez le brocoli et le chou-fleur. Enfournez à nouveau pour 20 minutes.

Assurez-vous que les légumes soient cuits, et terminez par quelques minutes sous le gril.

Parsemez de graines de courge et servez bien chaud.

Chou-fleur rôti
Cavolfiore arrosto

- **1 chou-fleur**
- **Huile d'olive**
- **Sel**

Prélevez les fleurettes du chou-fleur, coupez les plus grosses en deux ou trois, laissez les plus petites entières. Gardez le tronc et les tiges pour un velouté.

Versez un filet d'huile d'olive dans une grande poêle (28 à 30 cm de diamètre) puis déposez les morceaux de chou-fleur en une seule couche, salez et allumez le feu.

Quand le chou commence à dorer, couvrez et laissez cuire 5 minutes à feu doux.

Retournez les morceaux de chou-fleur, et laissez cuire à nouveau 5 minutes à feu doux, toujours à couvert.

Contrôlez la cuisson et si nécessaire faites évaporer le liquide en poursuivant la cuisson à découvert.

S'il vous reste des fleurettes, répétez l'opération.

Le chou-fleur est délicieux tel quel mais se marie aussi très bien avec la sauce au miel et à la moutarde (recette du chou vert rôti ▸ ***p. 38***) ou la sauce aux anchois « per Alice » ▸ ***p. 62***.

Pour le velouté, versez dans une casserole un filet d'huile d'olive, ajoutez une petite pomme de terre épluchée et coupée en morceaux, les parties non utilisées du chou-fleur et une gousse d'ail. Faites revenir le tout quelques minutes puis couvrez d'eau ou de bouillon de légumes* et laissez cuire 20 à 25 minutes. Mixez, salez et servez bien chaud, saupoudré de noix de muscade.

Céleri-rave rôti aux graines de tournesol et noisettes torréfiées
Sedano di Verona arrostito con semi di girasole e nocciole tostate

- **1 boule de céleri-rave**
- **2 branches de romarin**
- **2 branches de thym**
- **2 gousses d'ail**
- **60 g de graines de tournesol**
- **100 g de noisettes torréfiées et concassées**
- **Huile d'olive**
- **Sel, poivre**

Lavez soigneusement le céleri-rave en le brossant.

Coupez-le en deux puis chaque moitié en quartiers d'environ 3 cm d'épaisseur.

Répartissez les quartiers sur une plaque de cuisson recouverte de papier sulfurisé, assaisonnez-les avec les herbes, l'ail, le sel, le poivre et l'huile d'olive. Posez dessus une autre feuille de papier sulfurisé que vous aurez humidifiée en la passant sous l'eau et en l'essorant.

Préchauffez le four à 180 °C. Enfournez la plaque et faites cuire 20 minutes. Puis ôtez le papier du dessus et laissez rôtir sous le gril jusqu'à ce que le céleri soit légèrement coloré.

Sortez du four et parsemez de graines de tournesol et de noisettes torréfiées et concassées.

Servez aussitôt.

Vous pouvez aussi servir ce plat avec la sauce au miel et à la moutarde de la recette du chou vert rôti ▸ ***p. 38***. Ou l'accompagner de châtaignes poêlées ▸ ***p. 36***. Dans ces deux cas, supprimez les graines de tournesol et les noisettes.

Butternut rôtie comme à l'Œnosteria
Zucca violino come all'Œnosteria

- **1 butternut de belle taille**
- **2 gousses d'ail**
- **1 branche de romarin**
- **60 g de noisettes grillées et concassées**
- **Huile d'olive**
- **Sel, poivre**

Découpez la partie supérieure de la butternut que vous détaillerez en tranches de 1,5 cm d'épaisseur. Ôtez ensuite les graines de la partie inférieure et détaillez celle-ci en tranches de 2 cm d'épaisseur.

Posez toutes ces tranches à plat sur une plaque de cuisson recouverte de papier sulfurisé. Assaisonnez avec du sel, du poivre et de l'huile d'olive.

Glissez la plaque tout en bas du four préchauffé à 180 °C. Faites cuire 15 minutes. Ajoutez ensuite du romarin et de l'ail coupé en lamelles et enfournez à nouveau à mi-hauteur pendant 15 minutes.

Parsemez de noisettes et servez avec une burratina fumée ou un fromage de chèvre frais et coulant.

Butternut rôtie au four aux olives, aux pignons de pin et aux poireaux
Zucca violino al forno con olive, pinoli e porri

- **1 petite butternut**
- **150 g d'olives noires**
- **50 g de pignons de pin**
- **2 poireaux**
- **1 tête d'ail**
- **Huile d'olive**
- **Sel, poivre**

Épluchez la butternut, coupez-la en deux dans le sens de la longueur, videz-la de ses graines.

Posez les deux moitiés à plat dans un joli plat allant au four que vous pourrez présenter à table.

Assaisonnez la butternut avec du sel, de l'huile d'olive et ajoutez les gousses d'ail en chemise.

Faites cuire environ 30 minutes dans un four préchauffé à 180 °C ventilé.

Pendant ce temps nettoyez soigneusement les poireaux avant de les couper en rondelles. Faites-les revenir dans une casserole avec de l'huile d'olive. Laissez dorer et mijoter, ajoutez les olives et les pignons, puis laissez mijoter à nouveau quelques minutes.

Versez ce mélange sur la butternut rôtie et passez 5 minutes sous le gril.

Découpez en tranches que vous servirez accompagnées de la garniture.

Potimarron rôti entier et farci de fromage façon fondue
Zucca ripiena con fonduta di formaggio

- 1 potimarron
- 1 baguette ou 400 g de pain de campagne
- 250 g de fromage à fondre (mont d'or, raclette ou un mélange des deux)
- ½ verre de vin blanc
- 1 branche de romarin
- 1 gousse d'ail
- Sel, poivre

Coupez la calotte du potimarron à 4 ou 5 cm du haut. Vous pourrez la faire cuire en même temps que le reste et la replacer sur le potimarron avant de servir.

À l'aide d'une cuillère, enlevez les graines sans entailler la chair.

Assaisonnez avec l'ail émincé grossièrement, du sel, du poivre et du romarin.

Préchauffez le four à 180 °C, faites cuire 15 à 20 minutes selon la taille du potimarron. Vérifiez la cuisson avec la pointe d'un couteau (elle ne doit pas pénétrer trop facilement dans la chair).

Une fois le potimarron cuit, retirez l'ail et le romarin et placez le fromage à l'intérieur. Arrosez de vin blanc et remettez au four à mi-hauteur pendant 15 à 20 minutes. Laissez gratiner.

Pendant ce temps, découpez des cubes de pain et faites-les griller au four.

Sortez le potimarron du four, donnez un tour de moulin de poivre et apportez à table.

Dégustez votre fondue en y trempant des croûtons de pain piqués sur des brochettes. Le potimarron se mange à la cuillère une fois le fromage terminé !

Potimarron rôti, crème de gorgonzola, crumble de polenta et amandes
Zucca arrosto, gorgonzola, crumble di polenta e mandorle

- 1 potimarron
- 280 g de gorgonzola
- 2 c. à s. de crème liquide
- Amandes fumées
- Huile d'olive
- Sel, poivre

Pour le crumble :

- 50 g de polenta (semoule de maïs grosse)
- 50 g de poudre d'amandes
- 50 g de beurre pommade
- 25 g de parmesan râpé

Commencez par préparer le crumble en mélangeant du bout des doigts la polenta, la poudre d'amandes, le parmesan et le beurre. Laissez reposer 15 minutes au frais. Sortez alors le mélange du réfrigérateur et émiettez-le sur une plaque de cuisson recouverte de papier sulfurisé.

Enfournez pour 12 minutes à 160 °C.

Lavez le potimarron, coupez-le en deux, videz-le de ses graines. Coupez chaque moitié en 5 quartiers puis chaque quartier en 4 morceaux.

Préchauffez le four à 180 °C. Disposez le potimarron en une seule couche sur une plaque de cuisson recouverte de papier sulfurisé. Assaisonnez de sel, de poivre et d'huile d'olive, et enfournez à mi-hauteur pour 30 minutes.

Vérifiez la cuisson : il doit être juste tendre.

Faites fondre le gorgonzola avec la crème, à feu doux ou au micro-ondes (1 minute à mi-puissance).

Versez la crème dans des assiettes creuses, déposez dessus 7 à 8 morceaux de potimarron rôti, parsemez de crumble et d'amandes fumées concassées.

Velouté de potiron, poireaux et parmesan
Vellutata di zucca, porri e parmigiano

- **700 g de potiron,**
- **700 g de poireaux**
- **100 g de parmesan râpé**
- **80 g de beurre doux (facultatif)**
- **4 c.à s. d'huile d'olive**
- **Sel**

▸ *À la place du beurre et du parmesan, vous pouvez ajouter :*

- *des châtaignes et des petits morceaux de foie gras*
- *de la truffe fraîche et des copeaux de parmesan*
- *de la pancetta croustillante : placez des tranches très fines entre deux feuilles de papier sulfurisé et glissez 5 à 6 minutes dans un four chaud (180 °C)*
- *ou encore du speck fumé croustillant (même technique que pour la pancetta).*

Épluchez et découpez le potiron en petits morceaux. Lavez et découpez les poireaux en rondelles.

Versez l'huile d'olive dans une casserole, faites-la chauffer et ajoutez les rondelles de poireaux. Faites-les revenir quelques minutes puis ajoutez les morceaux de potiron. Laissez mijoter encore 5 à 6 minutes puis versez 2 verres d'eau, salez, couvrez et prolongez la cuisson à feu doux pendant 20 à 25 minutes.

Mélangez puis, si nécessaire, ajoutez encore 1 ou 2 verres d'eau, et poursuivez la cuisson encore 20 minutes à couvert.

Mixez finement, incorporez le beurre.

Servez bien chaud, parsemé de parmesan râpé.

Potiron aigre-doux à la sicilienne
Zucca in agrodolce alla siciliana

- **900 g de potiron**
- **8 c. à s. de vinaigre de vin blanc**
- **4 c. à c. de sucre semoule**
- **3 gousses d'ail**
- **2 branches de menthe**
- **Huile d'olive**
- **Sel**

▸ *Ce plat se sert froid. Vous pouvez l'accompagner de fromage grillé ou frais.*

Pelez le potiron, coupez-le en tranches épaisses puis en tronçons de 1,5 cm d'épaisseur.

Dans une poêle, avec un peu d'huile d'olive et à feu doux, faites revenir les morceaux de potiron sur les deux faces jusqu'à ce qu'ils soient fondants.

Disposez-les dans un grand plat légèrement creux sans qu'ils se chevauchent, puis salez.

Dans la même poêle et la même huile, faites frire l'ail, ajoutez quelques feuilles de menthe et déglacez avec le vinaigre préalablement mélangé au sucre. Versez ce mélange sur le potiron, ajoutez à nouveau quelques feuilles de menthe et laissez refroidir.

Placez le potiron aigre-doux au réfrigérateur jusqu'au lendemain : il n'en sera que meilleur !

Châtaignes poêlées
Castagne spadellate

- **400 g de châtaignes cuites, sous vide ou en bocal**
- **4 oignons nouveaux ou 1 poireau**
- **1 branche de romarin**
- **20 g de beurre doux**
- **30 g d'huile d'olive**
- **Sel**

▸ *Ces châtaignes, servies chaudes, sont délicieuses toutes seules, mais elles accompagneront aussi très bien la butternut rôtie* ▸ **p.28**, *et même une viande !*

Pelez et émincez les oignons.

Dans une poêle, faites fondre le beurre avec l'huile, ajoutez les oignons, faites-les suer quelques minutes, salez et ajoutez les châtaignes en gros morceaux.

Laissez mijoter quelques minutes, ajoutez la branche de romarin juste pour parfumer.

Rouleaux de chou vert et pommes de terre à la sauge
Involtini di verza e patate alla salvia

- **8 feuilles de chou vert de taille similaire**
- **600 g de pommes de terre à purée**
- **180 g de fromage râpé (fontina, ou un mélange de scamorza et mozzarella)**
- **12 feuilles de sauge**
- **2 gousses d'ail**
- **Huile d'olive**
- **Sel, poivre**

Faites blanchir quelques minutes les feuilles de chou dans de l'eau bouillante salée, sortez-les avec une écumoire et rafraîchissez-les rapidement dans de l'eau glacée. Ôtez la partie dure de la nervure centrale et séchez-les.

Dans la même eau, mettez à cuire les pommes de terre épluchées et coupées en petits morceaux. Quand elles sont cuites, égouttez-les et écrasez-les à l'aide d'une fourchette.

Dans une poêle, faites chauffer de l'huile d'olive, ajoutez la sauge et l'ail et laissez dorer. Prélevez la moitié de ce mélange et réservez. Ajoutez dans la poêle les pommes de terre écrasées, mélangez et laissez tiédir.

Incorporez le fromage aux pommes de terre tiédies, salez, poivrez, goûtez et rectifiez l'assaisonnement si nécessaire.

Préchauffez le four à 190 °C.

Placez ⅛ de la préparation au centre d'une feuille de chou, repliez les côtés et roulez la feuille sur elle-même. Procédez de même avec les autres feuilles.

Disposez les rouleaux dans un plat allant au four, arrosez-les avec le reste d'huile à l'ail et à la sauge, puis enfournez 7 à 8 minutes.

Servez aussitôt.

Chou vert rôti au miel, à la moutarde et aux pignons de pin
Verza arrostita con miele, senape e pinoli

- **1 chou vert**
- **100 g de miel mille fleurs (liquide)**
- **1 c. à s. de moutarde (fine ou à l'ancienne en grains)**
- **50 g de pignons de pin**
- **Huile d'olive**
- **Sel, poivre**

Préchauffez le four à 180 °C haut et bas.

Ôtez les feuilles vert foncé du chou.

Coupez le chou en deux, puis chaque moitié en 4 ou 5 quartiers, selon la taille du chou, en veillant à ce que les feuilles restent attachées à la base.

Posez les quartiers à plat sur une plaque de cuisson recouverte de papier sulfurisé, versez un filet d'huile d'olive, salez, poivrez et enfournez.

Au bout de 15 minutes, vérifiez la cuisson dans la partie la plus dure du chou, puis arrosez avec un peu d'eau et de l'huile d'olive.

Enfournez à nouveau pendant environ 15 minutes.

Mélangez le miel et la moutarde.

Sortez la plaque du four, disposez les quartiers de chou sur un plat de service ou des assiettes. Badigeonnez-les du mélange miel-moutarde, parsemez de pignons de pin et servez chaud.

Blettes sautées à l'ail
Bietole saltate all'aglio

- **1 botte de blettes**
- **4 gousses d'ail**
- **1 piment rouge frais**
- **Huile d'olive**
- **Sel**

▸ *Épinards, têtes et feuilles de puntarelle, brocoli-rave... la liste de légumes que vous pourrez faire sauter à l'ail est sans fin !*

Séparez les feuilles vertes des côtes blanches des blettes, coupez les côtes très finement et les feuilles plus grossièrement (2 à 3 cm de large). Lavez séparément côtes et feuilles.

Prenez un grand faitout et faites revenir dans de l'huile d'olive l'ail émincé et le piment coupé en julienne très fine. À coloration, ajoutez les côtes des blettes et laissez cuire 7 à 8 minutes, à feu doux.

Ajoutez alors les feuilles, mélangez, salez et poursuivez la cuisson à feu vif jusqu'à complète évaporation de l'eau. Goûtez et rectifiez l'assaisonnement si besoin.

Servez chaud.

Boulettes végétariennes au quinoa et aux blettes, sauce au pecorino et au poivre
Polpette vegetariane alla quinoa con bietole, salsa al pecorino e pepe

- **400 g de blettes**
- **200 g de quinoa**
- **150 g de chapelure**
- **1 jaune d'œuf**
- **1 échalote ou 2 oignons nouveaux**
- **100 g de pecorino râpé**
- **Huile d'olive**
- **Sel**

Pour la sauce :
- **250 g de crème liquide**
- **130 g de pecorino toscano ou romano affiné, râpé**
- **Poivre**

Faites cuire le quinoa à l'eau bouillante salée une vingtaine de minutes, égouttez-le. Prélevez-en deux tiers que vous mixerez avant de les réincorporer au tiers restant.

Pelez et émincez l'échalote. Séparez les feuilles vertes des côtes blanches des blettes, coupez les côtes très finement et les feuilles plus grossièrement (2 à 3 cm de large). Lavez séparément côtes et feuilles.

Dans une poêle, faites suer l'échalote dans de l'huile d'olive, ajoutez les côtes des blettes, laissez cuire quelques minutes à feu vif en mélangeant régulièrement. Ajoutez les feuilles, salez, mélangez et laissez cuire à couvert 7 à 8 minutes. Puis ôtez le couvercle et laissez sur le feu le temps de faire évaporer l'eau de végétation (les blettes doivent être sèches).

Hachez les blettes au couteau. Mélangez-les avec le quinoa puis incorporez le jaune d'œuf, le pecorino râpé et 2 c.à s. de chapelure (n'hésitez pas à en ajouter si vous voyez que la préparation est trop humide).

Avec les mains, formez des boulettes de 40 g chacune, passez-les dans le reste de chapelure et compactez-les à nouveau avec vos mains pour faire adhérer la chapelure. Enfournez à 200 °C jusqu'à coloration. Vous pouvez aussi les frire dans un bain d'huile à 170 °C.

Faites chauffer la crème. Hors du feu, ajoutez le pecorino râpé et du poivre, puis mélangez au fouet. Servez les boulettes avec cette sauce bien chaude.

Le flan de légumes d'Anna Bini
Gli sformatini di verdura di Anna Bini

Pour 6 personnes

- **2 kg d'épinards frais**
- **200 g de béchamel (on en trouve de la très bonne toute faite dans le commerce)**
- **2 œufs**
- **½ c.à s. de noix de muscade râpée**
- **100 g de parmesan râpé**
- **30 g de chapelure**
- **30 g de beurre**
- **Sel**

▸ *Cette recette fonctionne aussi bien avec du chou-fleur, des blettes, des haricots verts ou des courgettes (poêlées, surtout pas cuites à l'eau).*

Après avoir soigneusement lavé les épinards, faites-les blanchir dans de l'eau bouillante salée. Égouttez-les en les pressant bien dans un torchon (ils ne doivent plus rendre d'eau).

Mélangez les épinards avec la béchamel, les œufs battus, la noix de muscade puis ajoutez le parmesan. Salez.

Préchauffez le four à 200 °C.

Chemisez, avec le beurre et la chapelure, un plat allant au four de 26 × 18 × 5 cm environ, ou plus petit et plus haut si vous voulez un flan plus épais, ou encore des ramequins individuels de 5 ou 6 cm de diamètre et 6 ou 7 cm de haut. Versez-y la préparation, sans les remplir à ras bord.

Enfournez à mi-hauteur et laissez cuire jusqu'à ce que le dessus soit doré (vérifiez la cuisson au bout de 15 minutes et prolongez-la si nécessaire).

Pour avoir un flan plus ferme, laissez reposer avant de le servir.

Gnudi à la ricotta et aux épinards
Gnudi ricotta e spinaci

- **2,5 kg d'épinards frais (ou 750 g d'épinards en branches surgelés)**
- **600 g de ricotta de brebis de préférence**
- **2 œufs bio**
- **75 g de farine pour les *gnudi* et 200 g pour les fariner avant la cuisson**
- **2 c.à c. de noix de muscade râpée**
- **100 g de parmesan râpé**
- **Sel, poivre**

Pour le beurre sauge :

- **250 g de beurre**
- **1 bouquet de sauge**
- **Sel**

▸ Gnudo *signifie nu, sans vêtement. Les* gnudi *sont en effet la farce des raviolis sans leur pâte.*

▸ *Vous pouvez aussi les servir avec une sauce tomate* ou un ragoût de bœuf… si vous en avez soupé des légumes !*

Lavez soigneusement les épinards. Plongez-les dans de l'eau bouillante salée et laissez cuire à feu vif pendant 8 à 9 minutes. Égouttez-les bien. Dès qu'ils sont tièdes, formez des boules et pressez-les avec vos mains pour enlever toute l'eau, puis mettez-les dans un torchon et pressez encore. Ils doivent être le plus secs possible. Hachez-les grossièrement au couteau.

Mettez-les avec tous les autres ingrédients et 1 c. à c. de sel dans un cul de poule et mélangez. Formez des quenelles ou des boulettes d'environ 40 g chacune.

Farinez-les, enlevez l'excès de farine et plongez-les dans de l'eau bouillante salée jusqu'à ce qu'elles remontent à la surface. Laissez cuire encore 2 à 3 minutes, puis égouttez-les en gardant l'eau.

Préparez le beurre sauge – un beurre noisette avec de la sauge que vous allongerez avec l'eau de cuisson des *gnudi*. Salez si besoin, ajoutez les *gnudi* et laissez-les mijoter en les arrosant un à un, jusqu'à ce que la sauce devienne un peu crémeuse. Servez avec du parmesan râpé et du poivre au moulin.

Frittata farcie aux épinards et fromage
Frittata farcita

- **8 œufs bio**
- **200 g d'épinards cuits**
- **150 g de fontina, de scamorza, de mozzarella ou de gorgonzola**
- **80 g de parmesan râpé**
- **2 c.à s. d'huile d'olive**
- **Sel, poivre**

▸ *En plus du fromage, vous pouvez ajouter 3 tranches de jambon rôti finement coupé.*

Battez les œufs avec le sel et le poivre.

Mélangez les épinards avec le parmesan. Salez légèrement.

Faites chauffer l'huile dans une poêle antiadhésive de 28 cm de diamètre, versez-y les œufs battus et laissez cuire jusqu'à ce que le bord commence à prendre tandis que le centre reste un peu baveux. Hors du feu, étalez les épinards sur une moitié de cette frittata, répartissez dessus le fromage « émietté » et repliez l'omelette sur elle-même, en demi-lune.

Remettez-la à cuire quelques minutes à couvert sur feu doux avant de la retourner à l'aide d'un couvercle ou d'un plat plus large que votre poêle. Laissez cuire à nouveau quelques minutes à couvert, le temps que le fromage soit bien fondu. Servez sans tarder.

Poêlée de brocoli-rave
Cime di rapa saltata

- **2 kg de brocoli-rave**
- **6 à 8 gousses d'ail**
- **2 piments langue d'oiseau ou piment rouge frais**
- **Huile d'olive**
- **Sel**

▸ *Les* cime di rapa *ont différents noms selon les régions. À Naples, on appelle ça des* friarielli *et on les sert avec des saucisses grillées !*

Lavez soigneusement les brocolis. Détachez les feuilles des tiges et prélevez les boutons floraux (petits brocolis).

Coupez finement les tiges en éliminant la partie la plus dure. Coupez les feuilles en trois ou quatre.

Dans de l'eau bouillante salée, faites blanchir séparément, pendant quelques minutes, les boutons floraux, les tiges et les feuilles. Égouttez-les à l'aide d'une écumoire et refroidissez-les, toujours séparément, dans de l'eau glacée.

Dans une grande poêle avec un fond d'huile d'olive, faites frire l'ail en lamelles et le piment émincés, puis ajoutez les tiges et les feuilles et salez légèrement. Laissez cuire 10 minutes sans couvrir (pour éviter que les brocolis ne changent de couleur) en remuant de temps en temps.

Il ne doit plus rester de liquide. Salez si nécessaire.

Dans une autre poêle, faites cuire de la même manière les boutons floraux.

Disposez sur une assiette les feuilles et les tiges, puis les boutons floraux sur le dessus.

Endives rouges à l'orange, polenta aux herbes et au parmesan
Indivie belga rosse all'arancia con polenta alle erbe e parmigiano

- **6 endives rouges**
- **250 g de polenta (semoule de maïs grosse)**
- **1,5 l d'eau**
- **20 g de beurre**
- **1 bouquet d'herbes aromatiques (romarin, sauge, menthe, persil et thym)**
- **1 orange**
- **8 c.à s. de chapelure aromatisée aux herbes***
- **40 g de parmesan râpé**
- **Huile d'olive**
- **Sel, poivre**

Dans une grande casserole, versez un filet d'huile d'olive, ajoutez le beurre et les herbes aromatiques hachées. Faites revenir quelques minutes puis ajoutez l'eau, un peu de sel et portez à ébullition.

Baissez le feu, ajoutez la polenta en pluie, mélangez, couvrez et laissez cuire 40 minutes à feu doux en mélangeant très souvent, surtout pendant les 10 premières minutes.

Retirez du feu, incorporez le parmesan râpé et versez dans un plat rectangulaire (dimensions idéales : 24 × 16 × 4 cm) en égalisant la surface. Laissez refroidir.

Préchauffez le four à 200 °C haut et bas.

Après complet refroidissement de la polenta, coupez-la en rectangles que vous déposerez sur une plaque de cuisson recouverte de papier sulfurisé et ferez griller au four – 30 minutes dans le bas puis 20 minutes en haut –, jusqu'à ce qu'ils soient bien croustillants.

Coupez les endives en deux dans le sens de la longueur et saisissez-les à la poêle de part et d'autre dans un peu d'huile d'olive. Quand elles sont dorées, disposez-les dans un plat allant au four.

Assaisonnez-les avec de l'huile d'olive, du sel, du poivre, le zeste et le jus de l'orange. Parsemez-les de chapelure aux herbes et passez-les sous le gril à 200 °C pendant 7 minutes. Vérifiez la cuisson avec la pointe d'un couteau dans la partie la plus dure de l'endive.

Dressez la polenta dans une assiette et déposez à côté les endives gratinées avec leur jus.

Endives poêlées aux graines
Indivia belga spadellata con semi

- **4 belles endives (bien fermes)**
- **3 gousses d'ail**
- **3 échalotes (ou 1 gros oignon rouge)**
- **30 g de graines : sésame, courge et tournesol**
- **½ c. à c. de coriandre en poudre**
- **½ c. à c. de cumin en poudre**
- **2 c. à s. de vinaigre de framboise ou de pomme (ou 2 c. à c. de vinaigre de vin blanc)**
- **Huile d'olive**
- **Sel, poivre et/ou piment**

Pelez l'ail et les échalotes. Coupez finement les échalotes.

Dans une poêle avec un peu d'huile d'olive, faites revenir à feu moyen les échalotes, les gousses d'ail, la coriandre et le cumin pendant une dizaine de minutes, en prenant soin de remuer régulièrement afin d'avoir une belle coloration. Salez légèrement.

Lavez les endives à l'eau claire puis essuyez-les avec un torchon propre. Coupez-les en deux dans le sens de la longueur, puis chaque moitié à nouveau en 4 ou 6, dans le même sens.

Ajoutez les endives dans la poêle, laissez-les cuire à feu moyen/fort à couvert pendant 5 à 10 minutes en les retournant toutes les 2 ou 3 minutes. Salez et poivrez.

Ôtez le couvercle et poursuivez la cuisson jusqu'à ce qu'il n'y ait presque plus de liquide dans la poêle. Les endives doivent être fondantes sans se désagréger.

Torréfiez les graines dans une autre poêle ou 30 minutes au four à 100 °C, puis ajoutez-les aux endives.

Rectifiez l'assaisonnement et déglacez le tout à feu vif avec le vinaigre de framboise. Coupez le feu et laissez reposer 3 à 4 minutes avant de servir.

Salade d'hiver au fenouil, aux oranges et aux olives noires
Insalatina invernale di finocchi alle arance e olive nere

- **3 fenouils frais (environ 900 g)**
- **2 belles oranges**
- **100 g d'olives noires**
- **5 c.à s. d'huile d'olive**
- **Sel, poivre**

▶ *Cette salade est un vrai souvenir d'enfance, mon père nous la préparait souvent en hiver. Vous pouvez l'enrichir avec de très fines lamelles de boutargue de Cabras !*

Nettoyez les fenouils, ôtez les tiges et les trois premières feuilles, conservez les barbes vertes pour décorer la salade.

Coupez les bulbes de fenouil en deux puis à la mandoline en fines lamelles, et mettez-les dans un saladier.

Pelez à vif les oranges après avoir prélevé les zestes pour la vinaigrette.

Prélevez les suprêmes au-dessus d'un récipient pour en récupérer le jus.

Préparez la vinaigrette avec le jus d'orange récupéré, l'huile d'olive, les zestes et du sel.

Arrosez le fenouil de cette vinaigrette, mélangez, ajoutez les suprêmes d'oranges, les olives, du poivre. Avant de servir, décorez avec les barbes vertes du fenouil.

Fenouil à l'étouffée
Finocchio stufato

- **4 beaux fenouils bien frais**
- **Huile d'olive**
- **Sel**

Nettoyez les fenouils (sans rien jeter) : ôtez les deux ou trois premières feuilles, retirez les tiges, et mettez de côté les barbes vertes pour décorer votre plat ou pour aromatiser vos salades.

Coupez les bulbes de fenouil en deux puis chaque moitié en quartiers en veillant à ce que les feuilles restent attachées à la base.

Dans une poêle bien large, versez un filet d'huile, allumez le feu et posez les fenouils à plat. Salez, couvrez et laissez cuire 5 à 6 minutes.

Ôtez le couvercle, vérifiez la coloration (le fenouil doit être doré) et retournez les morceaux. Couvrez à nouveau et laissez cuire encore 4 à 5 minutes. Découvrez et faites évaporer le liquide restant.

Au moment de servir, ajoutez les barbes de fenouil pour apporter un peu de fraîcheur.

Comme avec le chou-fleur, vous pourrez préparer un délicieux velouté détox à partir des feuilles de fenouil que vous aurez écartées. Il vous faudra en plus : un fenouil entier, deux petites courgettes, deux branches de céleri avec leurs feuilles, une échalote et de l'huile d'olive.
Dans une casserole, faites revenir l'échalote émincée dans de l'huile d'olive. Ajoutez le fenouil, le céleri et les courgettes coupés en petits morceaux. Faites colorer en remuant, puis couvrez de bouillon de légumes* et laissez cuire 30 minutes. Salez, mixez puis passez au chinois en donnant encore quelques coups de mixeur plongeant pour récupérer un maximum de chair et éliminer les fibres. À table !

Confit d'oignons au romarin et au miel
Confit di cipolla bianca al rosmarino e miele

- **10 oignons blancs**
- **5 c.à s. de miel mille fleurs ou d'acacia**
- **2 branches de romarin**
- **50 ml de vin blanc sec**
- **30 ml de vinaigre de vin blanc**
- **Huile d'olive**
- **Sel**

▸ *Ce confit accompagne à merveille les fromages mi-secs, mais vous pourrez aussi le déguster seul sur une tranche de pain grillé.*

Pelez et coupez en deux les oignons, puis chaque moitié en 6 ou 7 quartiers. Mettez-les à cuire dans un faitout avec de l'huile d'olive à feu moyen et à couvert.

Après une vingtaine de minutes, mélangez et couvrez à nouveau. Laissez cuire encore 15 à 20 minutes.

Les oignons rendant beaucoup d'eau, il faudra poursuivre la cuisson à découvert jusqu'à complète évaporation de celle-ci. Les oignons sont cuits quand ils ont un aspect compoté.

Toujours sur le feu, ajoutez le romarin haché et un filet d'huile d'olive, mélangez. Ajoutez le miel, laissez un peu caraméliser puis déglacez avec le vin blanc et le vinaigre. Laissez évaporer l'alcool. Salez à votre goût. C'est prêt !

Tarte du soleil
Torta del sole

Pour la garniture :

- **6 beaux oignons jaunes ou blancs**
- **30 g de câpres au sel**
- **6 à 8 filets d'anchois à l'huile**
- **400 g de pulpe de tomate**
- **50 g d'olives noires taggiasche**
- **Origan séché**
- **Huile d'olive**
- **Sel**

Pour la pâte à tarte :
(pour un moule de 28 cm)

- **330 g de farine T55**
- **80 g d'eau tiède (à 40 °C environ)**
- **8 g de levure chimique**
- **90 g d'huile d'olive**
- **1 pincée de sel**

▸ *Cette tarte se sert en plat, avec des olives et une salade verte. Mais vous pourrez aussi la couper en petits carrés pour l'apéritif.*

Épluchez et émincez finement les oignons. Mettez-les à cuire dans un faitout avec de l'huile d'olive, à feu moyen et à couvert. Après une bonne douzaine de minutes, mélangez, couvrez à nouveau et laissez cuire encore 15 à 20 minutes.

Comme pour le confit d'oignons ci-contre, poursuivez la cuisson à découvert jusqu'à complète évaporation de l'eau.

Ajoutez les câpres préalablement dessalées, les anchois et 2 à 3 pincées d'origan. Laissez mijoter pour faire fondre les anchois, puis ajoutez la pulpe de tomate et poursuivez la cuisson encore 30 minutes à feu doux, en mélangeant de temps à autre.

Dans une boîte hermétique, mélangez les ingrédients secs de la pâte, ajoutez les liquides puis fermez la boîte et agitez-la dans tous les sens pendant 2 minutes.

Ouvrez la boîte, décollez la pâte des parois et déposez-la dans le moule à tarte. Étalez-la du bout des doigts, en évitant de trop la chauffer. À l'aide d'une fourchette, piquez le fond et le bord de la tarte.

Préchauffez le four à 170 °C chaleur tournante et faites cuire à blanc le fond de tarte pendant 30 minutes environ (il doit être doré et bien croustillant sans se casser).

Versez la garniture sur le fond de tarte puis enfournez à 180 °C chaleur tournante pendant 15 minutes. Parsemez la tarte de morceaux d'olives, d'origan et versez un filet d'huile d'olive avant de renfourner quelques minutes.

Oignons rouges rôtis au four
Cipolle rosse al forno

- **8 à 10 oignons rouges de taille moyenne**
- **2 branches de romarin**
- **12 cl de vinaigre balsamique**
- **4 c.à s. de sucre roux**
- **Huile d'olive**
- **Sel, poivre**

▸ *Rien ne vous empêche d'ajouter des brisures de fruits secs (pignons, noisettes, pistaches, noix...) ou de fromage de chèvre mi-sec.*

Enlevez les premières feuilles des oignons en les frottant entre vos mains. Incisez chaque oignon en 8 quartiers sans aller jusqu'à la base du bulbe.

Tapez-les, tête en bas, sur votre plan de travail pour les faire s'ouvrir un peu, puis placez-les, tête en haut, dans un plat allant au four. Assaisonnez chaque oignon avec un peu de romarin, du sel, du poivre, le sucre, la moitié du vinaigre, de l'huile d'olive et un peu d'eau.

Mouillez et essorez une feuille de papier sulfurisé et placez-la sur les oignons.

Enfournez dans le bas du four préchauffé à 180 °C, et laissez cuire 40 minutes.

Vérifiez la cuisson (les oignons ne doivent pas être secs) et ajoutez si besoin un demi-verre d'eau. Recouvrez avec le papier sulfurisé que vous aurez à nouveau humidifié. Baissez la température du four à 170 °C, remontez la grille à mi-hauteur et laissez cuire encore 30 à 40 minutes.

Une fois la cuisson terminée (les oignons seront fondants), enlevez le papier sulfurisé et passez quelques minutes sous le gril à 200 °C.

Sortez le plat du four et versez sur les oignons le reste de vinaigre balsamique.

Servez les oignons chauds avec leur jus de cuisson.

Velouté de haricots blancs à la toscane
Vellutata di fagioli bianchi alla toscana

- **350 g de haricots blancs cannellini secs**
- **120 g de passata nature**
- **1 branche de romarin**
- **1 bouquet de sauge**
- **3 gousses d'ail**
- **Huile d'olive**
- **Sel**

▸ *Étant donné le temps de préparation des haricots, je vous conseille d'en doubler la quantité. Une fois cuits, ils se conservent pendant 2 jours au frigo dans un peu de leur eau de cuisson.*

▸ *Vous pourrez les utiliser pour les haricots à l'uccelletto (ci-contre), froids en salade avec du thon à l'huile et de l'oignon de Tropea cru, ou sautés à l'ail et à la sauge.*

La veille, mettez les haricots secs à tremper dans de l'eau froide pendant 12 heures en changeant l'eau plusieurs fois pour qu'ils soient plus faciles à digérer.

Égouttez et rincez les haricots, puis placez-les dans une grande casserole avec deux fois leur volume d'eau, 1 gousse d'ail, ½ bouquet de sauge et du sel.

Portez à ébullition, mélangez, couvrez et laissez cuire 30 à 40 minutes. Vérifiez la cuisson des haricots et laissez-les refroidir dans leur eau.

Dans une autre casserole, mettez de l'huile d'olive, puis 2 gousses d'ail, le romarin et une branche de sauge finement hachés et faites frire. À coloration ajoutez la passata, les ¾ des haricots avec leur eau de cuisson. Mélangez, laissez mijoter quelques minutes puis mixez.

Ajoutez maintenant les haricots entiers que vous avez mis de côté, remettez sur le feu et laissez cuire encore quelques minutes.

Servez chaud avec un filet d'huile d'olive, des croûtons de pain ou des *bruschette* au lard de Colonnata.

Haricots blancs à l'uccelletto
Fagioli all'uccelletto

- **800 g de haricots blancs cannellini cuits (en bocal ou 270 g de haricots secs préparés selon la recette ▸ *p. 58*)**
- **300 g de passata nature**
- **1 gousse d'ail**
- **8 à 10 feuilles de sauge**
- **2 branches de romarin**
- **3 c.à s. d'huile d'olive**
- **Sel, poivre**

▸ *En Toscane, ce plat de tradition paysanne est souvent servi avec des saucisses qu'on fait griller avant de les découper pour les laisser mijoter quelques minutes avec les haricots.*

Dans un faitout, faites revenir dans l'huile d'olive l'ail émincé, le romarin et la sauge. Une fois l'ail bien doré, mouillez avec la passata et faites cuire pendant 15 minutes.

Ôtez les herbes, ajoutez les haricots blancs égouttés et portez à ébullition en mélangeant de temps en temps. Salez, poivrez.

Servez chaud avec du pain grillé et un filet d'huile d'olive.

Chicorée rouge de Chioggia à l'étouffée
Radicchio di Chioggia stufato

- **2 boules chicorée rouge de Chioggia**
- **1 oignon rouge**
- **1 c.à s. de miel mille fleurs ou autre**
- **Huile d'olive**
- **Sel, poivre**

Coupez en deux les boules de radicchio, enlevez le pied dur au milieu de chaque demi-boule puis coupez en lamelles de 2 cm d'épaisseur.

Dans un faitout, mettez de l'huile d'olive, l'oignon coupé finement, allumez le feu et faites dorer. Puis ajoutez la salade, mélangez, salez, mélangez encore et couvrez.

Laissez cuire quelques minutes. Mélangez et laissez cuire encore 4 à 5 minutes à couvert.

Ôtez le couvercle, ajoutez le miel et augmentez le feu le temps de laisser compoter. Poivrez et salez si nécessaire.

Servez avec un bon gorgonzola et des noix ou des pignons de pin grillés.

Une recette très simple à faire avec de la chicorée rouge de Trévise, dite *radicchio tardivo* (ci-contre) : coupez-la en 4 dans le sens de la longueur, sans détacher les feuilles de la base, et disposez-la dans un plat allant au four. Arrosez d'huile d'olive, salez et enfournez à 180 °C pendant 15 à 20 minutes, en prenant soin de retourner 2 ou 3 fois. Ou faites-la cuire de la même façon dans une poêle antiadhésive.
Les deux chicorées rouges sont délicieuses dans un risotto ou une tarte salée en ajoutant de la fontina ou de la scamorza fumée (recette de la pâte ▸ *p. 55*). Agrémentez de noisettes grillées.

Pousses de chicorée à la romaine
Puntarelle alla romana

Dans la région de Rome, le Latium, on appelle « puntarelle » les jeunes pousses de la chicorée de Catalogne et on les assaisonne presque toujours d'une vinaigrette bien particulière.

- **2 pieds de chicorée de Catalogne (avec de jeunes pousses)**
- **3 filets d'anchois à l'huile d'olive**
- **1 petite gousse d'ail**
- **50 g d'huile d'olive**
- **25 g de vinaigre de vin blanc (ou un équivalent avec le même niveau d'acidité)**

Variante de sauce « per Alice »

- **2 œufs bio durs**
- **3 c.à s. de câpres dessalées**
- **3 filets d'anchois**
- **4 à 5 branches de persil**
- **1 petite gousse d'ail**
- **90 g de vinaigre de vin blanc ou rouge**
- **90 g d'huile d'olive**

▸ *Ces sauces sont idéales pour tout type de chicorée crue comme les trévises, les scaroles ou les endives. Mais vous verrez qu'elles accompagnent à la perfection les poissons blancs ou les fritures.*

Enlevez toutes les feuilles vertes de la chicorée (que vous pourrez faire sauter à l'ail de la même façon que les blettes, ▸ *p.40*) en ne gardant que la base avec ses pousses vert clair. Détachez ces dernières, à l'aide d'un couteau d'office.

Rincez-les à l'eau claire, au moins trois fois, avant de commencer à les tailler très finement, dans le sens de la longueur et en biais, pour obtenir comme des boucles que vous déposerez dans un bol d'eau glacée. Au bout d'une demi-heure, égouttez les *puntarelle* et séchez-les dans un torchon, puis transférez-les dans un saladier.

Pour la sauce, mettez dans un verre pour mixeur plongeant, 2 à 3 fines lamelles d'ail, l'huile d'olive, le vinaigre de vin blanc et les filets d'anchois. Mixez jusqu'à l'obtention d'une sauce onctueuse.

Quelques minutes avant de servir, mélangez la puntarelle et la sauce.

Une poignée d'olives, des morceaux d'œuf dur, des croûtons en plus, et vous aurez un plat !

Chicorée scarole à la napolitaine
Scarola alla napoletana

- **1 kg de chicorée scarole (bien ferme)**
- **4 gousses d'ail**
- **1 piment langue d'oiseau sec**
- **4 filets d'anchois à l'huile**
- **1 c.à s. de câpres dessalées**
- **20 g de pignons de pin**
- **30 g d'olives noires**
- **30 g d'olives vertes**
- **10 g de raisins secs**
- **8 c.à s. d'huile d'olive**
- **Poivre (mais pas de sel !)**

▸ *Si ce plat peut accompagner une viande ou un poisson, il constituera aussi bien un plat principal.*

▸ *À Naples, on prépare la très fameuse « pizza di scarola », qui est plus exactement une tourte – de pâte à pizza ou à pain – farcie à la scarole.*

Commencez par séparer les feuilles de la scarole et les laver à l'eau claire. Répétez l'opération au moins trois fois, en prenant soin de les égoutter à chaque lavage de manière à laisser tomber les impuretés au fond de votre évier.

Dans une grande casserole, faites dorer l'ail entier (ou très finement haché) avec l'huile d'olive, les câpres dessalées, les filets d'anchois et un peu de piment.

Au bout de quelques minutes ajoutez la scarole (les feuilles peuvent être entières ou coupées).

Couvrez et laissez cuire à feu moyen pendant une dizaine de minutes.

Ajoutez les raisins secs et les pignons de pin. Cuisez encore une dizaine de minutes.

Ajoutez les olives, laissez mijoter quelques minutes à découvert pour faire réduire le jus qui s'est formé pendant la cuisson.

Salade de betterave au pesto de roquette, fromage de brebis et croûtons

Insalata di barbabietola al pesto di rucola, pecorino marzolino e crostini

- **1 kg de betteraves cuites**
- **160 g de fromage de chèvre frais ou de pecorino (marzolino ou primosale)**
- **60 g de pignons de pin**
- **60 g de graines de tournesol ou autres**
- **6 c.à s. de pesto de roquette* (4 pour assaisonner et 2 pour décorer)**
- **200 g de croûtons**

Coupez la betterave en gros cubes.

Dans un saladier, assaisonnez-la avec 4 cuillères à soupe de pesto, la moitié des graines et des pignons.

Mélangez et distribuez dans des assiettes creuses.

Parsemez chaque assiette de petits morceaux de fromage, du reste des graines, de croûtons et terminez par quelques éclaboussures de pesto bien vert !

Salade de chou rouge au vinaigre de cidre et noix
Insalata di cavolo cappuccio rosso

- **1 chou rouge pas trop gros**
- **100 g de vinaigre de cidre**
- **160 g de noix ou de noisettes grillées**
- **80 g d'huile d'olive**
- **Sel**

Enlevez les 3 ou 4 premières feuilles du chou.

Coupez-le en deux et émincez les deux moitiés le plus finement possible.

Dans un saladier, « massez » le chou avec le vinaigre. Le chou va changer de couleur : il aura suffisamment mariné quand il sera devenu uniformément rouge fuchsia.

Égouttez si nécessaire. Ajoutez l'huile d'olive et du sel, mélangez bien.

Dressez chaque assiette, en vous aidant ou non d'un emporte-pièce large, puis parsemez de noix.

Cette salade est idéale pour accompagner un tartare de bœuf.

Chou rouge aigre-doux
Cavolo cappuccio rosso in agrodolce

- **1 chou rouge**
- **1 oignon rouge**
- **120 g de vinaigre de vin rouge ou balsamique**
- **2 c.à s. de sucre roux ou 3 c.à s. de miel**
- **80 g d'huile d'olive**
- **Sel**

Enlevez les 3 ou 4 premières feuilles du chou.

Coupez-le en deux, puis chaque moitié en très fines lamelles.

Émincez finement l'oignon et faites-le revenir dans une poêle avec l'huile. Une fois qu'il est légèrement doré, ajoutez le chou coupé, du sel et laissez cuire à l'étouffée pendant 20 minutes à feu doux.

Enlevez le couvercle, augmentez le feu et ajoutez le sucre ou le miel.

Quand le fond commence à caraméliser, déglacez au vinaigre et mélangez. Continuez la cuisson 15 à 20 minutes en ajoutant un demi-verre d'eau si nécessaire.

Rectifiez l'assaisonnement et servez.

Artichauts à la romaine
Carciofi alla romana

- **12 artichauts poivrade**
- **Le jus d'un citron jaune (pour la préparation des artichauts)**
- **4 gousses d'ail**
- **Un peu de persil (feuilles finement ciselées et tiges entières)**
- **Huile d'olive**
- **Sel, poivre**

Commencez par laver et « tourner » les artichauts comme indiqué ▸*p. 10*.

Dans un faitout de 28 cm de diamètre, versez un filet d'huile d'olive et déposez les artichauts entiers tête en bas.

Arrosez généreusement d'huile d'olive, d'un verre d'eau, ajoutez l'ail et les tiges de persil. Salez, poivrez.

Mouillez et « essorez » une feuille de papier sulfurisé. Posez-la au contact des artichauts. Fermez avec le couvercle du faitout.

Laissez cuire à feu doux 20 minutes. Vérifiez la cuisson et l'assaisonnement : les artichauts doivent être fondants.

Parsemez de persil ciselé ou, si vous en trouvez, de quelques feuilles de *mentuccia* (menthe romaine). Servez chaud.

Variante gourmande : laissez refroidir les artichauts, coupez-les en 2 dans le sens de la longueur et passez-les rapidement à la poêle avec un filet d'huile d'olive pour les faire colorer.

Salade d’artichauts crus marinés
Battuto di carciofi

- **6 artichauts poivrade bien fermes**
- **2 citrons jaunes**
- **Parmesan**
- **8 c.à s. d’huile d’olive**
- **Moutarde**
- **Sel, poivre**

▸ *Avec la marinade récupérée, vous pouvez assaisonner une salade, un carpaccio ou un tartare de poisson, ou bien sûr refaire mariner des artichauts !*

Lavez et « tournez » les artichauts comme indiqué ▸*p. 10*.

Dans un saladier, préparez une émulsion avec le jus d’un citron et demi, l’huile d’olive, une pincée de sel, le poivre et une pointe de moutarde.

Coupez les artichauts en deux et enlevez la barbe du milieu s’il y en a. Détaillez chaque moitié en fines lamelles, mettez-les aussi vite que possible dans l’émulsion, mélangez et nappez-les bien de sauce pour éviter qu’elles noircissent.

Plaquez directement sur les artichauts un film alimentaire de sorte que l’air ne passe pas, toujours pour éviter l’oxydation.

Laissez mariner une heure, égouttez puis servez avec des copeaux de parmesan.

Velouté de cresson, légumes verts et curry
Vellutata di crescione, verdure e curry

- **2 bottes de cresson**
- **1 belle pomme de terre**
- **½ tête de brocoli**
- **1 courgette**
- **2 gousses d'ail**
- **1 c.à s. de poudre de curry doux**
- **5 c.à s. d'huile d'olive**
- **Croûtons nature ou à l'ail**
- **Sel**

Préparez le cresson en le lavant avec soin et en ôtant les tiges les plus grosses. Épluchez, lavez et coupez la pomme de terre en rondelles.

Lavez et coupez en petits morceaux le brocoli et la courgette.

Dans un faitout, mettez à chauffer l'huile et l'ail détaillé en lamelles, faites dorer puis ajoutez la pomme de terre. Laissez rissoler quelques minutes, saupoudrez de curry et poursuivez la cuisson 2 à 3 minutes. Mouillez avec une louche d'eau et laissez mijoter 5 minutes à feu doux. Ajoutez le brocoli et la courgette, mélangez, couvrez d'eau et portez à ébullition.

Au bout de 15 minutes, ajoutez le cresson, mélangez, augmentez la chaleur et laissez cuire encore 10 à 15 minutes à partir de l'ébullition.

Mixez finement le tout et servez avec les croûtons.

Salade de pois chiches, tomates datterini, oignons nouveaux, céleri et filets de thon à l'huile
Condiglione di Fabiana

- **200 g de pois chiches secs**
- **½ tête d'ail, quelques feuilles de sauge et une pincée de bicarbonate pour la cuisson des pois chiches**
- **250 g de tomates datterini ou tomates cerises**
- **160 g de filets de thon à l'huile**
- **Le cœur d'un pied de céleri-branche**
- **2 oignons nouveaux**
- **1 bouquet de roquette ou 2 endives**
- **Huile d'olive**
- **Sel, poivre**

▸ *Les pois chiches peuvent se préparer à l'avance. Une fois cuits, ils se conservent 5 jours au réfrigérateur.*

▸ *Si vous manquez de temps, vous pouvez utiliser des pois chiches déjà cuits, en bocal. Comptez alors 600 g et pensez à les rincer.*

Faites tremper les pois chiches pendant 12 heures minimum dans 4 fois leur volume d'eau froide avec une pincée de bicarbonate. Changez l'eau au moins 3 fois. Égouttez-les, puis rincez-les à l'eau claire.

Versez les pois chiches dans un faitout avec 4 fois leur volume d'eau froide, ajoutez la tête d'ail et la sauge mais ne salez pas. Cuisez à feu doux : comptez 2 heures à partir de l'ébullition, mélangez et écumez si nécessaire. Les pois chiches doivent être fondants à la fin de la cuisson. Si ce n'est pas le cas, remettez-les sur le feu.

Laissez-les refroidir dans leur eau et égouttez-les.

Pendant qu'ils refroidissent, coupez le céleri en lamelles de 5 mm et émincez les oignons.

Dans un saladier, mélangez les pois chiches, le céleri, l'oignon, ⅓ du thon et de l'huile d'olive. Salez et poivrez. Ajoutez les tomates coupées en 4, mélangez délicatement et rectifiez l'assaisonnement.

Répartissez la salade dans des assiettes creuses et terminez le dressage avec les filets de thon restants, de l'huile d'olive, un peu de roquette ou de l'endive coupée finement.

Poêlée de poireaux, fèves et petits pois à la menthe
Porri, fave e piselli saltati alla menta

- **400 g de fèves fraîches écossées (comptez 2 kg avec les cosses)**
- **200 g de petits pois écossés (comptez 800 g avec les cosses)**
- **2 blancs de poireaux**
- **4 belles feuilles de menthe fraîche**
- **Huile d'olive**
- **Sel, poivre**

Faites blanchir les fèves dans de l'eau bouillante salée, refroidissez-les dans de l'eau additionnée de glaçons et pelez-les. Le choc thermique permet de garder la couleur vive des légumes verts.

Faites également blanchir les petits pois et refroidissez-les comme les fèves.

Lavez soigneusement les poireaux et coupez-les en rondelles. Faites les suer avec un peu d'huile d'olive dans une sauteuse.

Augmentez le feu, saisissez les poireaux et ajoutez les fèves et les petits pois. Poêlez quelques minutes puis salez légèrement, poivrez et ajoutez la menthe ciselée. Servez aussitôt.

Vous pouvez transformer cette recette en salade, en remplaçant les poireaux cuits par des oignons nouveaux crus finement émincés. Ajoutez dans ce cas 200 g de pointes d'asperges cuites, des copeaux de pecorino semi-affiné et des pignons de pin.

Velouté d'asperges vertes
Vellutata di asparagi verdi

- **2 bottes d'asperges vertes**
- **1 pomme de terre**
- **2 oignons nouveaux**
- **1 l de bouillon de légumes***
- **Parmesan**
- **Huile d'olive**
- **Sel, poivre**

Lavez les asperges et ôtez la partie dure de la base. Prélevez quelques pointes que vous découperez en 4 dans le sens de la longueur. Elles serviront au dressage. Détaillez le reste en rondelles.

Épluchez la pomme de terre, coupez-la en petits cubes et faites-la revenir dans une casserole avec de l'huile et les oignons émincés. Quand le tout est doré, ajoutez les asperges, laissez mijoter quelques minutes puis couvrez avec le bouillon de légumes.

À l'ébullition, laissez cuire 20 minutes puis mixez et passez le tout au chinois tout en donnant des coups de mixeur plongeant pour récupérer un maximum de chair d'asperges. Salez et poivrez.

Servez bien chaud avec les pointes d'asperges croquantes et quelques copeaux de parmesan.

Poêlée d'asperges, courgettes, carottes, fenouil et oignons nouveaux
Verdurine colorate e saltate al cipollotto

- **1 botte d'asperges**
- **2 carottes moyennes**
- **2 petites courgettes**
- **1 fenouil**
- **4 oignons nouveaux**
- **Huile d'olive**
- **Sel, poivre**

Épluchez les carottes et faites-les cuire dans de l'eau bouillante salée pendant 7 à 8 minutes. Refroidissez-les dans de l'eau additionnée de glaçons. Égouttez et réservez.

Lavez les asperges, ôtez la partie dure de la base. Faites-les cuire dans de l'eau bouillante salée environ 5 minutes, refroidissez-les dans de l'eau glacée et égouttez-les. Coupez-les en deux, puis chaque tronçon en deux ou trois dans le sens de la longueur.

Coupez les carottes en bâtonnets de la même taille que les asperges.

Lavez les courgettes et coupez-les en bâtonnets, toujours de la même taille.

Nettoyez le fenouil, coupez-le en deux puis chaque moitié en lamelles fines. Émincez les oignons.

Dans une sauteuse, faites dorer les oignons dans un peu d'huile. Ajoutez la courgette et le fenouil, laissez cuire 10 minutes, puis ajoutez les carottes. Prolongez la cuisson quelques minutes à couvert.

Ajoutez les asperges, faites-les sauter 2 ou 3 fois pour les réchauffer, salez, poivrez et servez chaud.

Salade de pommes de terre et haricots verts
Insalata di patate e fagiolini

- **800 g de pommes de terre Charlotte (ou autre variété à chair ferme)**
- **400 g de haricots verts équeutés**
- **1 gousse d'ail**
- **1 bouquet de persil**
- **Huile d'olive**
- **Gros sel (pour la cuisson des pommes de terre et des haricots verts)**
- **Sel fin**

▸ *Vous pouvez accompagner la salade d'œufs bio durs et/ou de thon à l'huile d'olive, ou, pour une version végan, ajouter des amandes grillées fumées, des pois gourmands cuits et des tomates confites en morceaux.*

Placez les pommes de terre lavées, sans les peler, dans un faitout, couvrez abondamment d'eau froide, allumez le feu. À l'ébullition, ajoutez du gros sel et comptez 20 à 25 minutes de cuisson selon la taille des pommes de terre. Laissez-les tiédir dans leur eau de cuisson : elles doivent rester fermes mais fondantes.

Dans une casserole à part, faites cuire les haricots verts dans de l'eau bouillante salée 5 à 7 minutes (comptez 3 volumes d'eau pour 1 volume de haricots). Égouttez-les et refroidissez-les aussitôt dans de l'eau additionnée de glaçons pour conserver leur belle couleur verte et leur croquant.

Égouttez et coupez les haricots verts en 3 tronçons et placez-les dans un saladier.

Pelez les pommes de terre et coupez-les en cubes de 2 cm de côté, ajoutez-les aux haricots verts. Assaisonnez avec un filet d'huile d'olive et du sel puis mélangez.

Hachez ensemble l'ail et le persil, ajoutez-les en 2 fois à votre salade. Mélangez délicatement entre les deux. Ajoutez de l'huile d'olive. Vérifiez si c'est assez salé et mélangez une dernière fois délicatement.

Chez moi, en Italie, nous servons aussi ce plat accompagné de poulpe cuit à la vapeur, coupé en morceaux et assaisonné de la même façon avant d'être mélangé à la salade. On ajoute alors des zestes de citron et des olives noires.

Légumes d'été rôtis au four
Verdure estive arrostite

- **1 belle aubergine noire**
- **2 courgettes de taille moyenne**
- **1 poivron jaune**
- **1 poivron rouge**
- **1 belle pomme de terre ou 8 à 10 grenailles**
- **2 oignons rouges ou 2 bottes d'oignons nouveaux**
- **Basilic**
- **Origan (séché ou frais)**
- **Huile d'olive**
- **Sel, poivre**

Lavez tous les légumes et détaillez-les en cubes de la même taille, sauf les oignons nouveaux que vous couperez en deux dans le sens de la longueur.

Mélangez légumes et oignons avec un peu d'huile d'olive dans un grand cul de poule. Déposez-les en une seule couche sur une plaque de cuisson recouverte de papier sulfurisé, puis arrosez à nouveau d'un peu d'huile d'olive.

Préchauffez le four à 190 °C haut et bas, et glissez-y la plaque à mi-hauteur.

Au bout de 20 minutes de cuisson, remuez les légumes, ajoutez l'origan, arrosez d'huile et laissez cuire encore 15 minutes. Salez et vérifiez la cuisson.

Parsemez généreusement le plat de basilic et d'origan. Donnez un tour de moulin à poivre au moment de servir.

Soupe froide de courgettes et basilic
Crema fredda di zucchine e basilico

- **1 kg de courgettes**
- **4 oignons nouveaux**
- **800 ml de bouillon de légumes***
- **2 brins de basilic**
- **Huile d'olive**
- **Sel, poivre**

Lavez le basilic et faites-le sécher à l'air. Lavez et coupez les courgettes en rondelles fines. Émincez finement les oignons.

Dans une casserole, faites dorer les oignons dans 4 c.à s. d'huile d'olive. Ajoutez les courgettes. Salez.

Couvrez de bouillon et laissez cuire à feu vif 10 minutes à partir de l'ébullition.

Transvasez dans un contenant glacé et remuez régulièrement. Plus la soupe refroidira vite, plus elle gardera sa couleur vive.

Mixez avec le basilic, rectifiez l'assaisonnement. Finissez par un filet d'huile d'olive et un tour de moulin à poivre.

Vous pouvez transformer cette soupe en crème de courgettes. Ajouter, avant de mixer, 300 g de yaourt à 0 % et 4 c.à s. d'huile d'olive. Incorporez enfin 10 feuilles de menthe fraîche ou de basilic ciselées. Dressez chaque assiette avec un miroir de crème de courgette, des lamelles de saumon fumé et des graines de pavot.

Soupe de courgettes au chorizo
Crema di zucchine al salamino piccante

- **1 kg de courgettes**
- **1 oignon jaune ou blanc**
- **10 tranches de chorizo un peu épaisses**
- **2 tranches de pain de mie sans croûte**
- **1 tranche de pain aux céréales**
- **1 l (environ) de bouillon de légumes***
- **4 c.à s. d'huile d'olive**
- **Sel**

Dans une casserole, faites revenir l'oignon émincé avec de l'huile d'olive. Quand il est bien doré, ajoutez les courgettes coupées en rondelles et laissez colorer.

Ajoutez 2 tranches de chorizo coupées en morceaux. Mélangez et couvrez à peine de bouillon de légumes ou d'eau. Faites cuire 15 minutes environ à feu vif puis ajoutez le pain de mie.

Mixez le tout, ajoutez un peu de sel, goûtez et rectifiez. Si la soupe vous paraît trop épaisse, détendez-la avec un peu de bouillon.

Dans une poêle, faites suer le reste du chorizo coupé en petits dés. Ajoutez le pain aux céréales coupé en cubes, le temps de le faire dorer.

Servez la soupe chaude avec les dés de chorizo et de pain grillés.

Fleurs de courgettes farcies à la ricotta
Fiori di zucca ripieni alla ricotta

- **16 fleurs de courgettes**
- **1 petite courgette**
- **1 oignon nouveau**
- **360 g de ricotta de brebis ou de bufflonne**
- **Pecorino**
- **Huile d'olive**
- **Sel, poivre**

Nettoyez les fleurs de courgettes, enlevez le pistil (en essayant de ne pas trop déchirer la fleur).

Lavez la courgette et râpez-la avec une râpe à gros trous.

Dans une poêle avec un peu d'huile d'olive, faites dorer l'oignon finement ciselé. Ajoutez la courgette râpée, faites cuire quelques minutes puis laissez refroidir.

Égouttez la ricotta, puis écrasez-la à travers un tamis au-dessus d'un cul de poule pour qu'elle soit plus crémeuse. Assaisonnez avec du sel, du poivre, 2 c.à s. d'huile d'olive et ajoutez la courgette refroidie. Mélangez, goûtez et rectifiez l'assaisonnement si nécessaire.

Mettez le tout dans une poche à douille dont vous aurez coupé la pointe pour ménager une ouverture de 2 cm environ et remplissez les fleurs. Si nécessaire, refermez la corolle par une légère torsion.

Déposez-les délicatement sur une plaque de cuisson chemisée de papier sulfurisé. Badigeonnez d'huile d'olive et parsemez de pecorino râpé.

Préchauffez le four à 180 °C en mode gril, placez les fleurs sous la résistance jusqu'à ce qu'elles soient légèrement gratinées. Servez chaud.

Carpaccio de courgettes
Carpaccio di zucchine

- **2 courgettes bien fermes, de préférence blanches**
- **160 g de ricotta de brebis**
- **20 tomates confites**
- **½ bouquet de ciboulette**
- **Huile d'olive**
- **Sel, poivre**

Lavez les courgettes et taillez-les à la mandoline (réglée sur une hauteur de 2 mm).

Disposez joliment les rondelles de courgette dans quatre assiettes.

À l'aide d'un pinceau, badigeonnez-les d'huile d'olive, puis assaisonnez-les avec du sel.

Émiettez la ricotta sur le dessus. Décorez enfin avec les tomates confites, poivrez et parsemez de ciboulette ciselée.

Courgettes au parmesan d'Anna Bini
Zucchini al parmigiano di Anna Bini

- **4 petites courgettes blanches**
- **40 g de beurre**
- **80 g de lait**
- **80 g de parmesan râpé**
- **½ bouquet de persil**
- **Sel**

Lavez et coupez les courgettes en cubes. Rincez et hachez le persil.

Dans une large poêle, mettez le beurre, le lait, les courgettes, salez, couvrez et faites cuire 5 à 7 minutes à feu moyen. Mélangez et poursuivez la cuisson à découvert jusqu'à ce que les courgettes soient *al dente*.

Saupoudrez de parmesan et de persil puis faites poêler 2 ou 3 fois, 1 minute environ, et servez aussitôt.

Beignets de fleurs de courgettes
Fiori di zucca fritti

- 16 fleurs de courgettes
- 1 l d'huile pour friture

Pâte à beignets sans gluten :
- 300 g de farine de riz
- 150 à 200 g d'eau pétillante glacée

Pâte à beignets à la bière :
- 150 g de farine type 00 (ou T45)
- 1 œuf
- 150 g de bière
- 50 g d'eau pétillante froide
- Sel

La recette de ma mère :
- 2 œufs bio
- 1 c. à s. de parmesan râpé
- 200 g de farine type 00
- Sel, poivre

▶ *Ces préparations valent pour tous les beignets de légumes – aubergine, courgette, chou-fleur, brocoli, artichaut –, mais aussi les feuilles de sauge et les fleurs d'acacias.*

Pour la pâte à beignets sans gluten :

Versez le liquide dans un grand bol puis ajoutez la farine de riz en pluie en mélangeant au fouet. Quand la pâte nappe la cuillère, c'est qu'elle est prête.

Trempez chaque fleur de courgette dans la pâte et faites-les frire.

Pour la pâte à beignets à la bière :

Dans un grand bol, fouettez l'œuf, versez la bière puis la farine en pluie, continuez à fouetter, salez et laissez reposer pendant 30 minutes.

Trempez chaque fleur de courgette dans la pâte de sorte à la napper entièrement et faites frire.

Pour la recette de ma mère :

Battez au fouet les œufs avec le parmesan, du sel et du poivre.

Passez les fleurs une par une dans la farine puis dans les œufs battus, puis à nouveau dans la farine.

Faites frire dans l'huile bien chaude 3 ou 4 fleurs maximum à la fois.

Dans tous les cas, servez aussitôt avec un peu de sel.

Variante gourmande : avant de tremper les fleurs dans la pâte, rien ne vous empêche de les farcir avec un filet d'anchois à l'huile et un morceau de mozzarella !

Frittata aux courgettes et pommes de terre au four
Frittata di zucchine e patate al forno

Pour un moule de 28 cm de diamètre :

- **8 œufs bio**
- **1 grosse pomme de terre à chair ferme**
- **2 ou 3 courgettes selon la taille**
- **4 oignons nouveaux**
- **100 g de parmesan râpé**
- **125 g de scamorza fumée ou de mozzarella di bufala râpées (ou un mélange des deux)**
- **Huile d'olive**
- **Sel, poivre**

Dans une poêle, faites dorer les oignons émincés avec un peu d'huile d'olive. Dès qu'ils sont translucides, ajoutez la pomme de terre coupée d'abord en quatre puis en lamelles. Faites cuire une dizaine de minutes, mouillez avec un peu d'eau si nécessaire.

Pendant ce temps, coupez les courgettes en deux dans le sens de la longueur, puis en rondelles que vous ajouterez aux pommes de terre. Prolongez la cuisson jusqu'à ce que les pommes de terre soient fondantes. Laissez refroidir.

Battez les œufs avec le parmesan râpé. Salez et poivrez selon votre goût.

Mélangez les légumes aux œufs, puis incorporez la scamorza râpée. Versez dans un moule chemisé soit de papier sulfurisé, soit de beurre et de chapelure, ce qui formera une jolie croûte tout autour.

Chauffez le four à 180 °C haut et bas. Posez le moule sur une grille dans le bas du four et laissez cuire environ 15 minutes. La base de la frittata sera ferme et le milieu encore liquide.

Remontez la grille à mi-hauteur et laissez cuire encore 10 minutes environ. Vérifiez que toute la frittata est bien prise. Si nécessaire, continuez la cuisson pendant 5 minutes. Servez avec une salade verte.

Courgettes à l'escabèche
Zucchine alla scapece

- **800 g de courgettes**
- **1 l d'huile pour friture**
- **½ bouquet de menthe**
- **4 c.à s. de vinaigre de vin blanc**
- **1 gousse d'ail**
- **1 c.à s. d'huile d'olive**
- **Sel, poivre**

Lavez, séchez et coupez les courgettes en rondelles de 5 mm d'épaisseur.

Plongez les courgettes dans l'huile de friture bien chaude. Procédez par petites quantitées afin que la température ne baisse pas.

Déposez-les au fur et à mesure sur du papier absorbant.Quand vous aurez terminé, mettez-les dans un plat un peu creux et salez.

Émulsionnez le vinaigre et l'huile d'olive. Versez sur les courgettes frites, ajoutez l'ail en lamelles et mélangez. Ajoutez quelques feuilles de menthe et laissez reposer plusieurs heures au frais.

Avant de servir, décorez avec le reste de la menthe ciselée et donnez un tour de moulin à poivre.

Aubergines sautées à la napolitaine
Melanzane a funghetto

- **1 kg d'aubergines noires bien fermes**
- **250 g de tomates datterini ou tomates cerises**
- **3 gousses d'ail**
- **1 bouquet de basilic**
- **Huile pour friture**
- **Huile d'olive**
- **Sel**

Lavez les aubergines à l'eau claire avant de les couper en cubes de 2 cm de côté. Faites-les dégorger comme indiqué ▸ *p. 10*.

Dans une casserole à bords hauts ou une friteuse, chauffez l'huile à 165 °C et faites-y frire les aubergines par petites quantités. Quand les aubergines ont pris une belle coloration dorée, faites-les égoutter en les étalant sur du papier absorbant.

Lavez et coupez les tomates en deux. Préparez le basilic en gardant les tiges et feuilles à part.

Dans une poêle, faites dorer l'ail dans un peu d'huile d'olive. Ajoutez les tiges de basilic le temps qu'elles parfument l'huile puis remplacez-les par les tomates. Salez. Faites cuire quelques minutes en secouant la poêle. Ajoutez les aubergines et continuez la cuisson à couvert encore quelques minutes en remuant délicatement. Ôtez du feu, goûtez et rectifiez l'assaisonnement.

Servez ces légumes chauds ou froids, parsemés des feuilles de basilic ciselées.

Aubergines rôties
Melanzane arrostite

- **2 belles aubergines noires**
- **1 gousse d'ail**
- **Origan séché**
- **Huile d'olive**
- **Sel**

▸ *Vous pouvez accompagner ces aubergines de mozzarella ou de burrata et de tomates cerises.*

Lavez les aubergines, coupez-les en deux dans le sens de la longueur sans ôter le pédoncule. Déposez-les sur une plaque de cuisson, chair au-dessus.

Incisez profondément chaque moitié en un quadrillage assez fin puis salez et badigeonnez d'huile.

Préchauffez le four à 180 °C, enfournez et laissez cuire 25 à 30 minutes.

Vérifiez la chair : elle doit être dorée et fondante.

Glissez quelques lamelles d'ail dans les incisions, saupoudrez d'origan, ajoutez un peu d'huile et remettez au four encore 7 à 8 minutes.

Servez chaud ou froid.

En prélevant la chair des aubergines, en la mixant et en la mélangeant à un pesto de basilic*, vous aurez une sauce excellente pour des pâtes, ou encore une crème à tartiner sur des *bruschette*.

Boulettes d'aubergines et mayonnaise fumée
Polpette di melanzane con maionese affumicata

- **1,5 kg d'aubergines, classiques ou rondes, bien charnues**
- **50 g de lait**
- **200 g de pain sec**
- **60 g de parmesan râpé**
- **3 œufs (2 pour les boulettes, 1 pour les paner)**
- **200 g de chapelure**
- **3 branches de persil**
- **3 brins de basilic**
- **4 c.à s. de mayonnaise**
- **1 cuillère à café de paprika fumé**
- **Huile d'olive**
- **Huile pour friture**

▸ *Pour ceux qui aiment l'ail, ajoutez dans la préparation 1 gousse hachée.*

▸ *Ma tante napolitaine préfère cuire les aubergines à l'eau bouillante salée, après les avoir coupées en dés. Si vous voulez faire comme elle, assurez-vous de bien les égoutter en les pressant dans un torchon propre pour éliminer l'eau en excès avant de les mélanger aux autres ingrédients.*

Coupez les aubergines en deux dans le sens de la longueur et déposez-les sur une plaque de cuisson chemisée de papier sulfurisé. Salez, arrosez d'huile d'olive et enfournez à 180 °C pendant environ 35 minutes.

Pendant ce temps, mettez le pain à tremper dans le lait. Préparez le basilic et le persil que vous hacherez.

Quand les aubergines sont cuites, laissez-les refroidir avant d'en prélever la pulpe et de bien les égoutter.

Mélangez-la à 2 œufs, ajoutez le pain bien égoutté et pressé, salez, poivrez. Ajoutez le parmesan, le basilic et le persil hachées. Si vous trouvez la texture trop molle, ajoutez un peu de chapelure et de parmesan râpé.

Formez des boulettes de 30 g (4 ou 5 cm de diamètre), passez-les dans l'œuf battu puis dans la chapelure et faites-les frire dans un bain d'huile bien chaude. On peut aussi les faire cuire au four à 200 °C pendant 5 minutes environ.

Mélangez la mayonnaise et le paprika.

Servez les boulettes chaudes à l'apéritif accompagnées de « mayonnaise fumée ».

Aubergines farcies à la sicilienne
Melanzane ripiene alla siciliana

- **2 aubergines rondes**
- **2 c.à s. de câpres dessalées**
- **6 filets d'anchois à l'huile**
- **250 g de sauce tomate***
- **150 g de mozzarella hachée au couteau (ou caciocavallo ou scamorza fumée selon votre goût)**
- **80 g d'olives noires dénoyautées**
- **80 g de pecorino râpé**
- **80 g de chapelure**
- **1 petit oignon blanc**
- **1 gousse d'ail**
- **Huile d'olive**
- **Sel**

Lavez et coupez les aubergines dans le sens de la longueur. Videz-les à l'aide d'une cuillère en laissant ½ cm de chair. Réservez la chair prélevée. Salez les demi-aubergines vidées et retournez-les sur une grille pendant 30 minutes pour les faire dégorger. Pendant ce temps, taillez en petits dés la chair des aubergines.

Dans une sauteuse, faites revenir dans 4 c.à s. d'huile d'olive l'oignon coupé en brunoise et 1 gousse d'ail hachée, en remuant régulièrement. Ajoutez la chair des aubergines et laissez cuire 10 minutes à couvert. Ôtez le couvercle et poursuivez la cuisson en mélangeant jusqu'à ce que les aubergines soient fondantes et que l'huile commence à en ressortir.

Dégagez le centre de la sauteuse pour y déposer les câpres et les anchois que vous laisserez fondre quelques instants avant de tout mélanger. Ajoutez la sauce tomate et laissez cuire 5 minutes avant d'ajuster l'assaisonnement. Laissez refroidir puis ajoutez la mozzarella et les olives grossièrement coupées. Votre farce est prête.

Préchauffez le four à 200 °C. Recouvrez une plaque de cuisson de papier sulfurisé huilé et déposez-y les demi-aubergines (chair au-dessus) que vous aurez pris soin de badigeonner d'huile d'olive après les avoir rincées et essuyées. Enfournez et laissez cuire 10 minutes.

Hors du four, remplissez de farce les demi-aubergines. Parsemez de pecorino et de chapelure préalablement mélangés, et versez un filet d'huile d'olive. Passez au four à mi-hauteur, à 180 °C, pendant 10 minutes.

Terminez en les faisant gratiner 5 minutes sous le gril à 200 °C et servez chaud.

Caponata d'aubergines à la sicilienne
Caponata di melanzane

Pour 6 personnes

- **1,5 kg d'aubergines**
- **2 oignons blancs**
- **400 g de céleri-branche**
- **4 c.à s. de câpres dessalées**
- **100 g de passata**
- **1 c.à c. de concentré de tomate**
- **160 g d'olives vertes**
- **3 c.à s. de sucre**
- **6 c.à s. de vinaigre de vin blanc**
- **100 g de pignons de pin**
- **3 brins de basilic**
- **Huile pour friture**
- **Huile d'olive**
- **Sel**

Lavez et faites dégorger les aubergines comme indiqué ▸*p. 11*. Pressez-les dans un torchon et faites-les frire dans l'huile chauffée à 165 °C environ (vous ferez un test avec un cube d'aubergine : la température est bonne si ça crépite). Procédez par petites quantités et étalez-les au fur et à mesure sur du papier absorbant.

Préparez le céleri et les oignons, détaillez-les en morceaux de 1 cm environ. Blanchissez le céleri quelques minutes à l'eau bouillante salée, égouttez-le sans jeter l'eau.

Dans une sauteuse, faites suer les oignons dans 6 c. à s. d'huile d'olive pendant 7 à 8 minutes en mélangeant régulièrement.

Ajoutez dans l'ordre : le céleri que vous laisserez mijoter quelques minutes, les câpres dessalées en mélangeant, la passata et le concentré de tomate que vous laisserez cuire 10 minutes, une louche de l'eau de cuisson du céleri, et, à la reprise de l'ébullition, les olives coupées en rondelles. Goûtez et salez si besoin.

Puis augmentez le feu, versez le sucre et le vinaigre, mélangez et laissez évaporer. Le moment est venu d'incorporer délicatement les aubergines frites. Finissez avec les pignons et le basilic ciselé, mélangez et laissez reposer 24 heures : la caponata sera bien meilleure !

Aubergines panées
Melanzane impanate

- **2 belles aubergines rondes (siciliennes)**
- **3 œufs**
- **3 c.à s. de parmesan ou de pecorino râpé**
- **500 g de chapelure aromatisée aux herbes***
- **Huile d'olive**
- **Sel, poivre**

▸ *Vous pouvez aussi faire frire les aubergines dans un bain d'huile chaude. La seule différence, c'est qu'il faudra couper des tranches plus fines.*

Lavez les aubergines et pelez-les en laissant une bande sur deux, comme la robe d'un zèbre. Découpez-les en tranches d'environ 1,5 cm d'épaisseur.

Piquez-les avec une fourchette et salez. Passez-les dans les œufs préalablement battus avec le parmesan râpé, du sel et du poivre. Égouttez-les et passez-les dans la chapelure.

Déposez les aubergines panées sur une plaque de cuisson recouverte de papier sulfurisé et arrosez d'huile d'olive.

Préchauffez le four à 180 °C haut et bas et enfournez à mi-hauteur pour 20 à 25 minutes. Les aubergines doivent être dorées, croquantes à l'extérieur et moelleuses à l'intérieur.

Servez chaud avec une salade de tomates.

Parmigiana d'aubergines
Parmigiana di melanzane

Pour 6 personnes

- **2 kg d'aubergines noires**
- **200 g de farine (type 00)**
- **1,5 l de sauce tomate***
- **200 g de mozzarella di bufala**
- **200 g de parmesan râpé**
- **2 brins de basilic frais**
- **Huile pour friture**

▸ *Je vous conseille de doubler les quantités et la taille du plat, car la parmigiana est encore meilleure réchauffée le lendemain !*

Épluchez les aubergines et coupez-les en tranches de 0,5 cm d'épaisseur dans le sens de la longueur. Déposez les tranches dans une passoire en les saupoudrant de sel à chaque couche. Laissez dégorger quelques heures.

Égouttez les aubergines, rincez-les et séchez-les. Faites chauffer l'huile de friture dans une large poêle. Passez les tranches d'aubergines dans la farine, secouez-les un peu et plongez-les dans l'huile, en procédant par petites quantités. Laissez dorer puis égouttez sur un papier absorbant.

Préchauffez le four à 180 °C. Dans un plat allant au four (26 × 18 × 5 cm environ), déposez une louche de sauce tomate, une couche d'aubergines frites (en serrant bien les tranches les unes contre les autres), à nouveau un peu de sauce tomate de manière à recouvrir légèrement les aubergines, parsemez de parmesan râpé, de morceaux de mozzarella et de basilic ciselé. Répétez l'opération en croisant le sens des tranches d'aubergines, jusqu'à ce qu'il n'y en ait plus. Terminez par de la sauce tomate et du parmesan râpé.

Enfournez pour 30 à 35 minutes. Vérifiez la cuisson : les aubergines doivent être gratinées mais fondantes à l'intérieur.

Laissez reposer quelques heures (ou une nuit entière si vous avez le temps de préparer votre parmigiana la veille). Avant de servir le gratin, réchauffez légèrement et parsemez de parmesan et de basilic ciselé.

Ma mère a une recette un peu différente : elle fait frire les tranches d'aubergine après les avoir passées dans de la farine puis dans de l'œuf battu avec du parmesan et du poivre. C'est une version plus riche et plus gourmande, je ne résiste pas à lui chiper 2 ou 3 tranches dès qu'elles sortent du bain de friture, bien dorées et parfumées.

Salade de poivrons, olives, ail et origan à la napolitaine
Insalata di peperoni alla napoletana

- **8 poivrons de différentes couleurs**
- **2 gousses d'ail**
- **1 c. à c. d'origan séché ou 2 branches d'origan frais**
- **100 g d'olives noires, de Gaeta si possible**
- **Huile d'olive**
- **Sel**

Allumez le four à 190 °C.

Huilez les poivrons un par un avant de les déposer sur une plaque de cuisson recouverte de papier sulfurisé. Enfournez à mi-hauteur.

Retournez les poivrons au bout de 15 minutes et continuez à les faire rôtir sur toutes leurs faces.

Quand ils commencent à s'affaisser sur eux-mêmes, sortez-les du four et enfermez-les dans un récipient avec couvercle.

Une fois tiédis, égouttez-les et épluchez-les en prenant soin d'ôter les pépins. Détaillez-les en lamelles ou en rubans de 1 cm de large.

Déposez-les dans un plat et assaisonnez avec de l'huile d'olive, du sel, l'ail en lamelles et l'origan. Mélangez et réservez au frais quelques heures.

Servez avec les olives, un filet d'huile et une pincée d'origan (ou de basilic si vous préférez).

Ces poivrons seront parfaits pour des *bruschette*, en accompagnement d'une boule de mozzarella ou d'une burrata, ou même d'une viande grillée.

Poivronnade
Peperonata

- **4 poivrons rouges**
- **2 poivrons jaunes**
- **6 tomates mûres**
- **1 oignon blanc**
- **2 gousses d'ail**
- **2 feuilles de laurier**
- **1 brin de basilic**
- **Huile d'olive**
- **Sel**

▸ *Si vous n'avez pas de four, vous pouvez faire griller les poivrons à couvert dans une poêle antiadhésive, en prenant soin de les retourner de temps à autre.*

Lavez et séchez les poivrons. Passez-les sous le gril en les retournant de tous les côtés jusqu'à ce qu'ils soient bien grillés. Enfermez-les dans un sac de congélation ou un récipient avec couvercle.

Incisez en croix le dessus des tomates et plongez-les dans de l'eau bouillante 7 à 8 secondes puis immédiatement dans de l'eau additionnée de glaçons. Épluchez-les, coupez-les en quatre pour enlever les pépins, puis recoupez-les en gros morceaux. Réservez.

Émincez l'oignon et faites-le revenir avec 8 c. à s. d'huile d'olive dans un faitout à feu doux. Ajoutez l'ail écrasé, laissez cuire 3 à 4 minutes à feu moyen à couvert en mélangeant régulièrement.

Épluchez, videz et coupez les poivrons en gros morceaux, puis ajoutez-les dans le faitout. Mélangez, salez, couvrez, laissez cuire 5 minutes. Ajoutez les tomates, mélangez et laissez encore cuire 10 minutes à découvert. Terminez avec les feuilles de laurier et laissez mijoter jusqu'à ce que le tout soit bien compoté. Ôtez le laurier et rectifiez l'assaisonnement.

Servez chaud ou froid avec du basilic.

En fin de cuisson, vous pouvez aussi ajouter 2 pommes de terre préalablement cuites à l'eau et coupées en cubes. Laissez-les mijoter quelques minutes, le temps qu'elles s'imprègnent du jus de la poivronnade.

Rouleaux de poivrons colorés à ma façon
Involtini di peperoni ghiotti

- **8 gros poivrons rouges et jaunes**
- **350 g de pain de mie**
- **2 c.à s. de pistaches grillées hachées au couteau**
- **1 c.à s. de pistaches grillées hachées finement pour la finition**
- **1 gousse d'ail**
- **50 g de pecorino râpé**
- **50 g de parmesan râpé**
- **100 g de scamorza fumée hachée au couteau**
- **50 g de mozzarella hachée au couteau**
- **4 c.à s. de chapelure**
- **Huile d'olive**
- **Sel, poivre**

Pour préparer les poivrons, procédez comme pour la recette de la salade de poivrons ▸ *p. 98*, mais en découpant de belles et larges bandes, et non des rubans. Gardez le jus qui s'est écoulé pendant le refroidissement.

Dans un cul de poule, mélangez le pain de mie haché finement, 4 à 5 c. à s. d'huile d'olive, l'ail écrasé, les fromages et les pistaches grossièrement hachées, le jus des poivrons, du poivre. Malaxez avec les mains. Goûtez et salez. La farce doit être un peu humide mais pas trop.

Étalez les bandes de poivrons sur le plan de travail. Formez à la main des petites quenelles de farce, de la même largeur que les morceaux de poivron. Placez une quenelle sur chaque poivron que vous roulerez sur lui-même en essayant de rabattre les côtés. Huilez le fond d'un plat allant au four – pas trop grand pour que les rouleaux que vous y déposerez y tiennent serrés les uns contre les autres. Alternez les couleurs de poivrons, ce sera plus joli.

Parsemez de chapelure et des pistaches finement hachées, arrosez d'un filet d'huile d'olive et passez 5 minutes sous le gril du four, jusqu'à ce que les poivrons soient légèrement grillés.

Servez chaud.

Piments de Padrón à la napolitaine
Friggitelli all'aglio, olio e peperoncino

- **1 kg de petits piments de Padrón (poivrons)**
- **6 gousses d'ail**
- **1 petit piment langue d'oiseau**
- **150 g de tomates datterini ou tomates cerises**
- **8 c. à s. d'huile d'olive**
- **2 brins de basilic**

Lavez les poivrons. Si la partie supérieure est dure, il risque d'y avoir beaucoup de graines : dans ce cas, détachez délicatement le pédoncule et ôtez les graines.

Dans un faitout assez large (30 ou 32 cm de diamètre), faites chauffer l'huile avec l'ail dégermé et coupé en lamelles ainsi que le piment langue d'oiseau écrasé. Laissez dorer puis ajoutez les poivrons, salez et couvrez.

Faites cuire à l'étouffée quelques minutes, puis mélangez, couvrez à nouveau et poursuivez la cuisson jusqu'à ce que les poivrons soient fondants.

Ajoutez les tomates coupées en deux et poêlez l'ensemble quelques minutes. Salez, ajoutez le basilic ciselé. Quand l'huile commence à ressortir de la préparation, c'est prêt.

Mon gaspacho gourmand
Il mio gazpacho goloso

- **1 kg de tomates bien mûres**
- **1 poivron rouge**
- **1 oignon rouge**
- **1 petit concombre**
- **10 feuilles de basilic**
- **1 burrata**
- **80 g d'amandes ou noisettes grillées**
- **Pain pour faire des croûtons**
- **80 g d'huile d'olive**
- **Sel, poivre**

Préparez les croûtons en coupant le pain en petits carrés que vous ferez griller au four. Réduisez votre burrata en crème à la fourchette ou au mixeur et réservez.

Lavez les poivrons et les tomates et retirez les pédoncules, puis épluchez l'oignon et le concombre et découpez tous ces légumes en gros morceaux.

Dans le verre d'un blendeur, mettez des tomates jusqu'à mi-hauteur et complétez avec une proportion équivalente de chaque ingrédient – si vous avez mis ⅓ de tomates, mettez ⅓ du poivron, de l'oignon, du concombre et ⅓ d'huile. Salez, puis mixez pendant au moins 2 minutes. Répétez l'opération autant de fois que nécessaire. Passez le tout au chinois afin que le gaspacho soit bien velouté et qu'il ne reste ni peaux ni pépins ! Goûtez et rectifiez l'assaisonnement si besoin.

Réservez au frigo : le gaspacho se sert très frais. Versez dans chaque assiette ou bol 2 louches de soupe froide, ajoutez la burrata « stracciatella » (en « petits lambeaux »), les amandes légèrement concassées et les croûtons, un filet d'huile et du basilic ciselé.

Tomates grillées au romarin et à l'ail
Pomodori saporiti

- **4 belles tomates mûres mais fermes**
- **2 gousses d'ail**
- **2 branches de romarin**
- **4 c.à s. d'huile d'olive**
- **Sel**

Lavez les tomates et coupez chacune en 3 tranches épaisses.

Dans une large poêle antiadhésive préchauffée, posez à plat les tranches de tomates pour les saisir. Procédez en plusieurs fois si nécessaire.

Quand les tomates sont bien grillées des deux côtés, ajoutez l'huile, l'ail coupé en lamelles épaisses et les feuilles de romarin. Salez, laissez cuire à feu doux quelques minutes : les tomates doivent donner un peu de jus, être fondantes mais se tenir.

Servez chaud, tel quel avec du pain, ou en accompagnement de légumes, d'une viande ou d'un poisson grillés.

Au lieu de passer les tranches de tomates à la poêle, vous pouvez les faire griller au four avec une chapelure aromatisée aux herbes* en y ajoutant un peu de pecorino râpé (four chaud + gril à 220 °C, à mi-hauteur, 20 minutes environ, ou plus selon votre four : elles doivent être dorées et fondantes).

Soupe de pain à la tomate
Pappa al pomodoro

- 800 g de tomates pelées de bonne qualité
- 6 gousses d'ail
- 1 petit piment rouge séché
- 500 ml de bouillon de légumes*
- 300 à 350 g de pain toscan rassis (ou pain de campagne blanc à mie dense)
- 80 g de parmesan râpé
- 2 brins de basilic
- Huile d'olive
- Sel

Ôtez la croute du pain et coupez-le en cubes. Réservez.

Dans un faitout, faites frire l'ail en lamelles (ou écrasé si vous comptez le laisser dans la sauce) dans de l'huile d'olive. Ajoutez les tomates préalablement écrasées à la main, mélangez, salez, ajoutez les tiges de basilic (réservez les feuilles), le piment émietté et couvrez à moitié. Laissez cuire 10 minutes à feu vif en remuant de temps en temps. Ôtez les tiges de basilic.

Ajoutez les morceaux de pain, arrosez de la moitié du bouillon, mélangez et laissez mijoter à feu doux et à découvert. Mélangez au fouet, ajoutez du bouillon si nécessaire – la *pappa* doit être crémeuse mais consistante, un peu comme une polenta.

Servez chaud ou froid avec un filet d'huile d'olive, les feuilles de basilic ciselées et le parmesan râpé.

Salade de pain, tomate, oignon, concombre et céleri *Panzanella*

- **500 g de pain toscan rassis (ou pain de campagne blanc à mie dense)**
- **4 tomates bien mûres**
- **1 concombre de 600 g**
- **1 cœur de céleri-branche**
- **2 oignons nouveaux ou 1 oignon rouge doux**
- **10 à 12 feuilles de basilic**
- **4 c. à s. de vinaigre de vin blanc**
- **Huile d'olive**
- **Sel**

La veille, coupez le pain en dés de 2 cm de côté et laissez-les dans le four éteint ou dans un endroit fermé et sec.

Le jour même, préchauffez le four à 180 °C, arrosez les dés de pain avec de l'huile d'olive et mettez-les au four jusqu'à ce qu'ils soient dorés. Réservez.

Coupez les tomates et le concombre en dés de 2 cm, et le céleri en lamelles. Émincez finement les oignons et ciselez le basilic (gardez quelques feuilles pour la présentation).

Préparez la vinaigrette en émulsionnant le vinaigre et 8 c. à s. d'huile d'olive et salez.

Mettez tous les ingrédients découpés dans un saladier avec le pain grillé et arrosez de vinaigrette. Mélangez, rectifiez l'assaisonnement, parsemez de basilic ciselé et laissez reposer quelques minutes.

Mélangez à nouveau et servez avec du basilic et un filet d'huile d'olive.

Dans la version traditionnelle, le pain toscan coupé est mis à tremper dans de l'eau et du vinaigre, puis, une fois bien essoré et pressé, il est émietté à la main pour en faire une espèce de semoule. La préparation est ensuite la même, mais vous aurez besoin de moins d'huile d'olive.

Soupe du chasseur
Acquacotta di Capalbio

- **2 oignons rouges**
- **2 carottes**
- **2 côtes de céleri-branche**
- **4 tomates**
- **½ c. à c. de concentré de tomate**
- **1 bouquet garni (1 brin de sauge, 1 brin de romarin et 2 feuilles de laurier)**
- **4 tranches de pain de campagne**
- **4 œufs**
- **120 g de pecorino râpé**
- **Huile d'olive**
- **Sel, poivre**

▸ *Avec cette soupe typique de la région de la Maremme, en Toscane, vous avez un plat complet et végétarien.*

Lavez tous les légumes. Épluchez et coupez les oignons et les carottes en mirepoix, le céleri en petits tronçons. Pelez et épépinez les tomates, coupez-les en gros dés.

Dans un faitout faites revenir avec de l'huile d'olive, les légumes (sauf les tomates), ajoutez le bouquet garni et laissez dorer en mélangeant régulièrement, pendant une dizaine de minutes. Ajoutez les tomates et laissez mijoter encore un peu, ajoutez le concentré de tomate et couvrez d'eau.

Portez à ébullition et laissez cuire 15 à 20 minutes.

Faites griller le pain. Dans des ramequins assez larges ou des assiettes creuses allant au four, déposez une tranche de pain grillé, parsemez de pecorino et versez dessus la soupe bien chaude. Cassez un œuf dans chaque ramequin ou assiette. Passez 5 minutes au four bien chaud (200 °C).

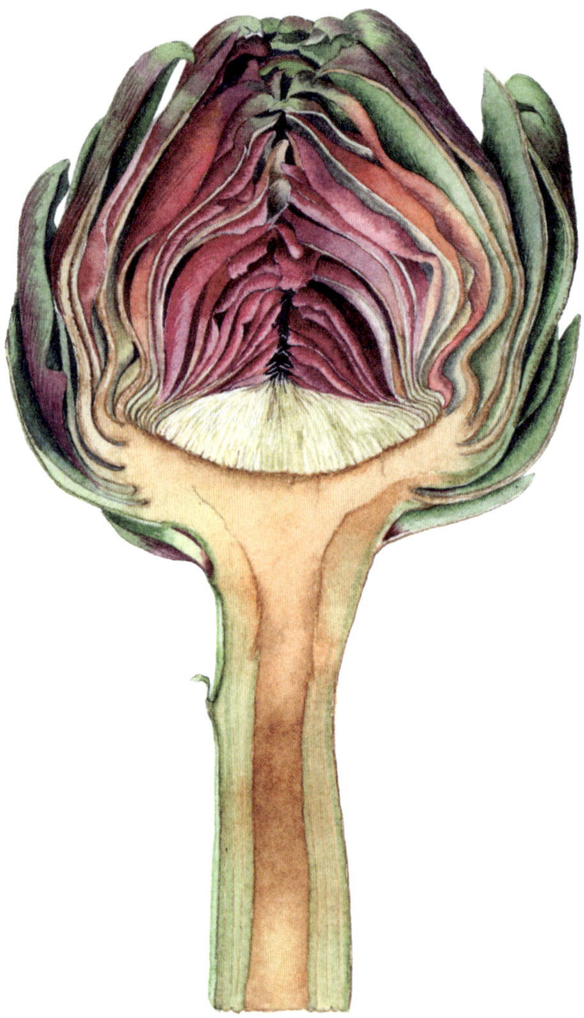

Index

Par recette

Par légume et autres végétaux...

Un petit coin de Toscane à Paris

CASA BINI

Il y a plus de trente ans, Anna Bini était l'une des premières à ouvrir à Saint-Germain-des-Prés une trattoria sans pizzas. Sa cuisine simple, fraîche et savoureuse, mettant en vedette les excellents produits de la botte italienne, et particulièrement ceux de la Toscane, sa terre natale, a fait de cette adresse une institution de la rive gauche.

Casa Bini 36, rue Grégoire de Tours, 75006 Paris

L'ŒNOSTERIA

Dans cette annexe de la Casa Bini toute proche, des charcuteries délicieuses rivalisent avec des fromages affinés. Vous pourrez y déguster les recettes qui font l'objet de ce livre et, pour les plus grosses faims, il y a les pâtes de Monica et un tiramisu que certains tiennent pour le meilleur de Paris…

L'Œnosteria 40, rue Grégoire de Tours, 75006 Paris

PRIMO PIANO

La cantine chic italienne du Bon Marché, créée par Casa Bini, propose toute la journée des plats légers et raffinés inspirés de produits frais et de saison. Mention spéciale pour ses desserts !

Le Bon Marché Rive Gauche, 2e étage, 75007 Paris

Notes

Je remercie tout d'abord mère nature, et puis ma mère et mon grand-père qui m'ont transmis l'amour de la cuisine.

Mon associé, ami et patron Simone Taiuti et toute sa famille, Chicca, Mattia et Niccolò, et Chicco le transporteur fou qui chaque mois nous ramène l'Italie dans son camion frigorifique.

Mon mentor Anna Bini.

Paolo Pecci, d'être là, toujours !

Merci à tous mes collègues et amis, sans oublier mes chers clients.

Merci à Pasquale (Lino) de Simone (Terronia, Paris V^{e}) pour ses recettes et son aide précieuse, à Antonella d'Angelo pour sa patience légendaire, à Jawar Frais pour leurs légumes et à tous mes fournisseurs depuis 27 ans.

À Alan William's de me faire transpirer au club, ce qui me permet de manger tout ce que je veux ou presque...

Et surtout un grand merci à Carolyn Jenkins pour ses illustrations qui ouvrent l'appétit, à Alice Déon, mon éditrice, qui m'a fait confiance, et à toute son équipe. Sachez qu'elles ont testé – et réussi ! – pas mal de ces recettes. Alors maintenant à vous, vous verrez, c'est simple et rapide à la fois !

Baci a tutti

Monica

Ce livre a été composé par Cheeri avec les familles de caractères Parmigiano Piccolo et Sans.

La couverture a été imprimée sur Brossulin XT Tela Bianco 290 g. L'intérieur a été imprimé sur Munken Polar Rough 170 g.

Achevé d'imprimer en septembre 2024 par DZS Grafik en Slovénie pour le compte des Éditions de la Table Ronde.

26 rue de Condé, Paris 6e
editionslatableronde.fr

ISBN : 979-10-371-1394-8
Nº d'édition : 628030
Dépôt légal : septembre 2024

FSC www.fsc.org MIXTE Papier | Pour une gestion forestière responsable FSC® C106600